1　「列強領土一覧図」東半球部分

参謀本部第二部長（海外情報担当）の宇都宮太郎が，1914 年 4 月師団長会議で行った説明の際に用いたもので，列強のアジア進出方向が線で示されている．ドイツ（青色）はインド洋・ニューギニア方面と直隷省方面に，日本（赤色）は満蒙と福建方面に，アメリカ（黄土色）は上海・陝西方面に，フランス（黄色）は貴州・四川方面に，イギリス（桃色）は湖北省方面とチベット方面に，ロシア（緑色）は外蒙古方面に線が引かれている．

2　ベルギーのモンスで行われた開戦100年追悼式

2014年8月3日モンスのSt Symphorien軍人墓地での追悼式典．100年前のこの日，ドイツ軍はベルギーに侵入し，翌日イギリスも参戦した．

3　皇太子訪欧時のオックスフォード大学での歓迎風景

1921年5月14日．欄外に，特に婦人は熱心で，ナイス・ボーイ，ワンダフル・ボーイのささやき声がしきりであったと記されている．

4　東京大正博覧会でのイルミネーションの光景

水力発電による遠距離送電技術の発展により，大正期に入ると都市部では電灯も家庭に普及しはじめた．1914年東京上野公園で開催された東京大正博覧会では，電気装飾（イルミネーション）が話題をよんだ．

5　古賀春江『窓外の化粧』（1930年）

古賀春江（1895〜1933）は，日本のシュルレアリスムを代表する画家．真っ青な空に背景にパラシュート，海から出ている鉄塔，ビル上の踊り子などがコラージュされており，1920年代後半の雰囲気を感じさせる．

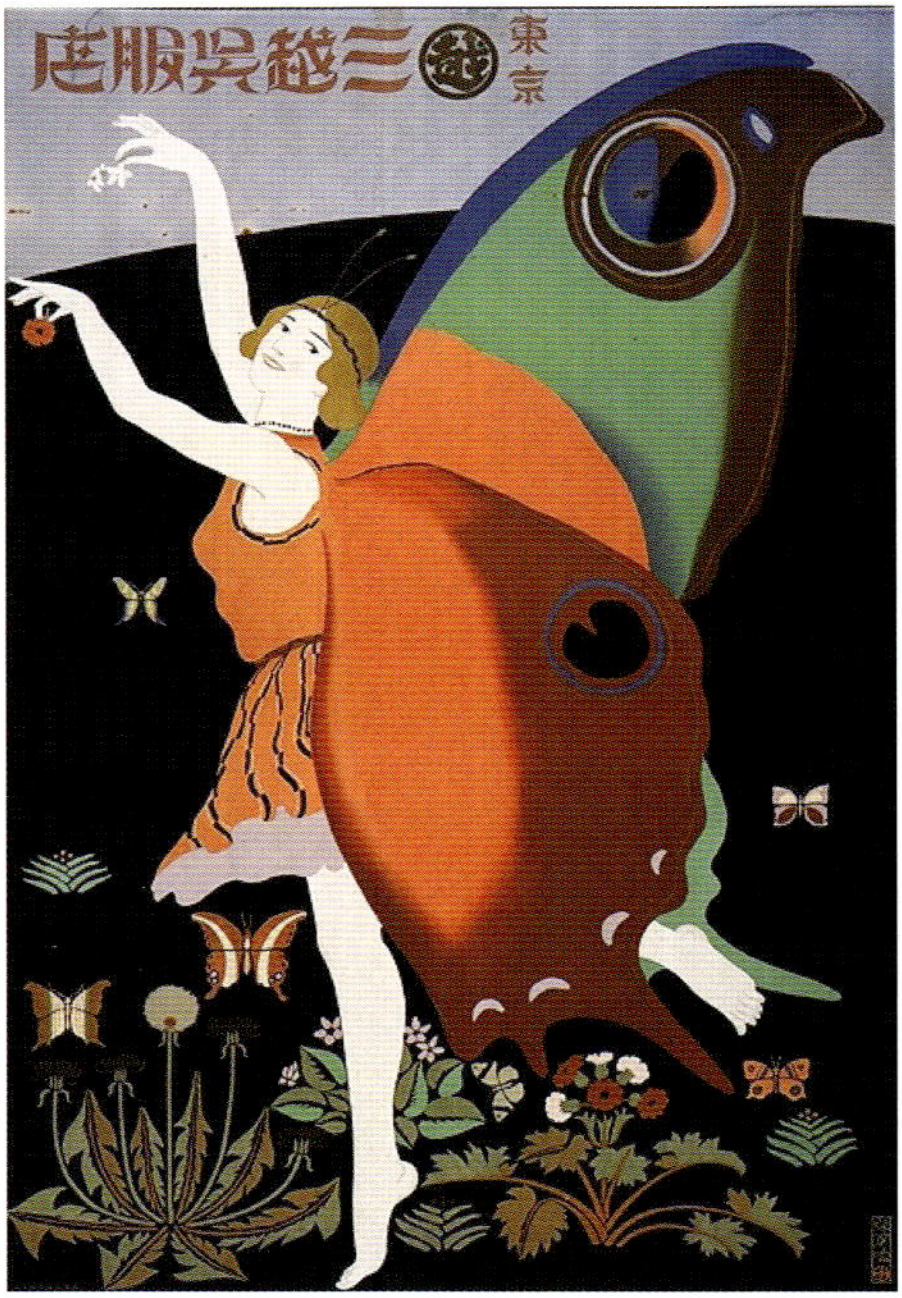

6　三越のポスター（1915年，杉浦非水画）

デパートメントストアのさきがけとなった三越呉服店（当時）は，都市の消費文化の変化を牽引した．またその宣伝も，大正モダーンの先端をいくものであった．杉浦非水（1876〜1965）は，三越のデザイナーとして，アール・ヌーボーの影響を受けた作品を世に送った．

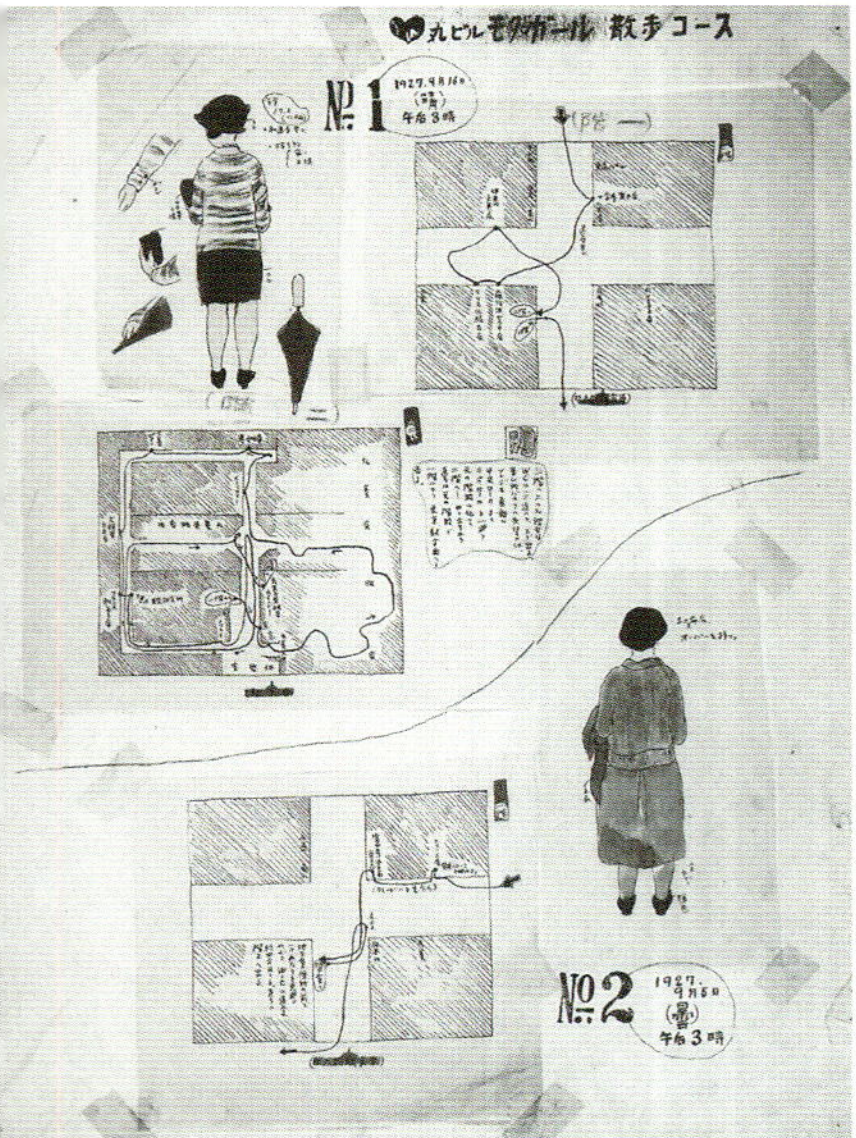

7　今和次郎の考現学調査・モダンガール散歩コース

考現学（モデルノロヂオ）は，今和次郎（1888〜1973）の提唱したもので，1925年の銀座街頭調査に始まった．震災後の東京に生きる人々の衣服や行動を，スケッチとともに事細かに記録した．これは丸ビルを散歩するモダンガールの姿と立ち寄った店のコースを示す．

日本近代の歴史 4

国際化時代「大正日本」

櫻井良樹

吉川弘文館

目次

図版目次

〔口絵〕

〔挿図〕

大正百年―プロローグ

国際化の方向

本書は、一九一二～一九二六年（大正時代）の期間を、国際化という観点から描く。

国際化は、いつの時代にもあったことで、今さら仰々しくそんなことを言い立てる必要はないかもしれない。日本の歴史を見る時に、その時代時代に特有な外国からの影響や刺激があったし、外国からの衝撃によって日本社会が変化してきたからである。

国際化と言う時に、ふつうこのような日本が国際社会の動向に影響を受けながら変化していくという方向の国際化が思い浮かぶ。しかしそれとは逆に、日本が国際社会に躍り出たり影響を与えたりしていくという方向の国際化があったことは忘れがちである。

もちろんこの外からの影響によってもたらされた内なる国際化と外へ向かってする国際化は、はっきりと分けられるものでも、一方的に起こるものでもない。明治時代の日本は、幕末日本の開国を受けて、維新変革をへて近代化につとめることによって始まった。外から国際化を強いられたのである。そして日清・日露の二大戦役を通じて、日本は植民地帝国へと変貌し、欧米列強の仲間入りという外への国際化を果たしていった。この場合は、欧米を受け入れ欧米を標準とする外への国際化がなされたわけである。そのさいに文明開化という近代化政策の名のもとに、多くの欧米の社会制度や文化・

サハリン州
北樺太
ニコラエフスク
アムール州
ハバロフスク
ブラゴヴェシチェンスク
沿海州
満　洲
チチハル
ハルビン
ウラジオストク
長春
吉林
奉天
元山
平壌
山海関
北京
大連
旅順
京城
天津
釜山
青島
済南
東京

アジア地図

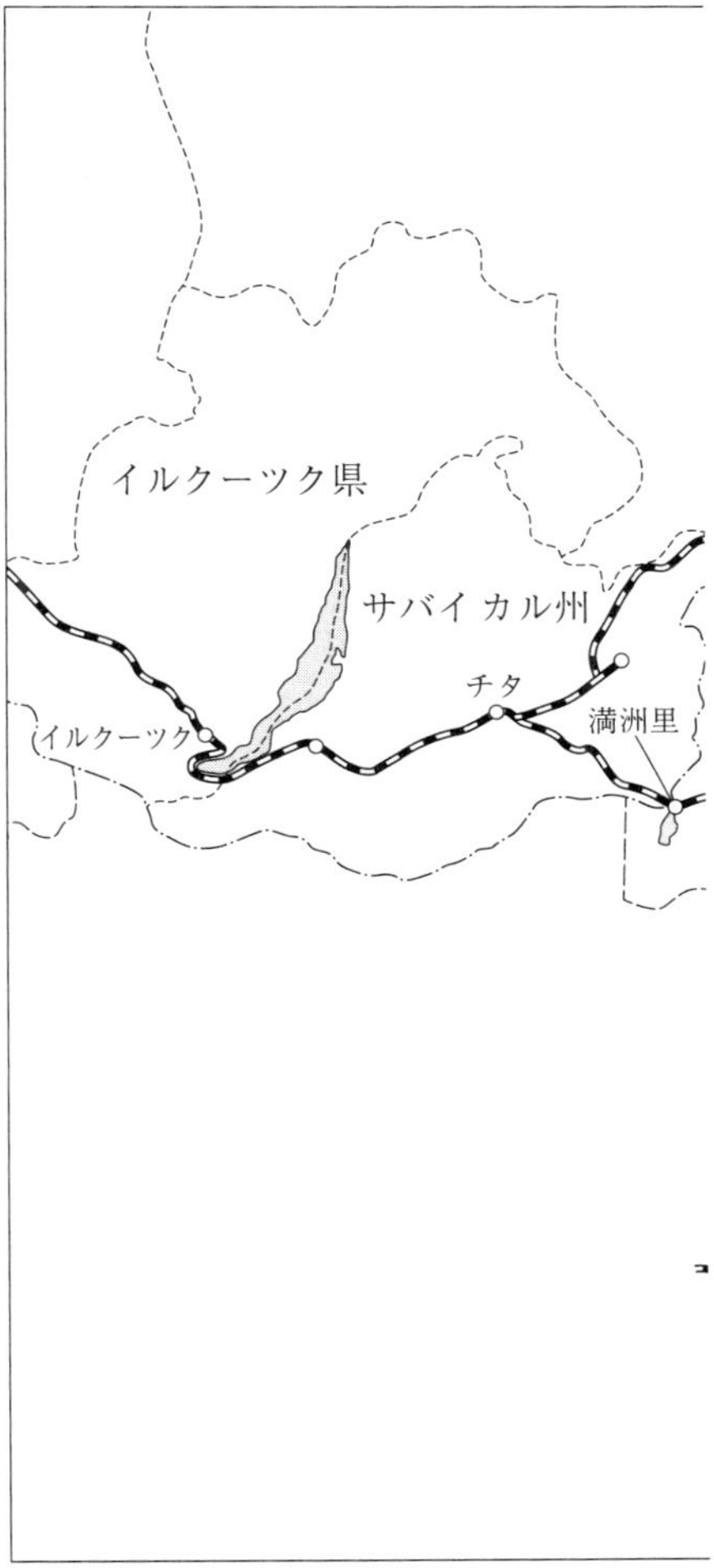

図1　大正期の北東

思想がもたらされ、それにより内側の国際化が進んだ。一八九〇年代に登場した国粋主義や日本主義は、いっけん国際化とは逆方向を指向したイメージがあるが、三宅雪嶺《みやけせつれい》の国粋主義は、国際化を前提にしたものだった。

さて外に向かってする国際化には、原理的には、明治日本がめざしたような欧米社会の一員として行動するという方向と、アジア諸国と独自に積極的にかかわっていこうとする方向があった。前者が脱亜論、後者がアジア主義とふつう分類される。これだけで国際化ということに関して、少なくとも、内への／欧米への／アジアへのという三つの国際化を挙げることができよう。ただしアジアへの積極的なかかわりは、日清戦後から日露戦争をへて、日本が大陸に権益を有するようになるにつれて増大してくる。それは明治維新期の日本が置かれていた環境とは異なる環境の中で出現し、日本が大国化していく中で生じたものであった。その下では、開国を余儀なくさせられた時代の国際化とは別の国際化が起こるのが当然であろう。黒沢文貴（二〇一三）は、大正期の国際化を、第一次世界大戦の衝撃によるものとし、これを「第二の開国」と規定している。この国際化の様相は、当然のこと幕末開国以後の国際化の様相とは異なっていた。

本巻が扱う次の時期、つまり昭和時代に、特に敗戦に至る戦いにおいて、日本は欧米国際秩序の打破を掲げて戦った。現実には中国と戦い、朝鮮民族主義運動を抑圧していたはずであったが、主観的には日本を盟主とするアジアへの国際化をめざした時代であった。しかしそれは日本の内側の論理を外に押しつける国際化であった。その国際化は日本の敗北を招いた。昭和戦時期の国際化は、その方向性が、明治とは逆転し、調和の取れた国際化に失敗した時代であった。

大正時代の国際化

大正（「大正時代」・「大正期」）は、年数がわずか一五年しかないため、明治期や昭和戦時期に比べると鮮明なイメージはあまりない。明治は、幕末日本の開国を受けて、維新の変革をへて近代化につとめ、日清・日露の二大戦役を戦い植民地国家と変貌していった「発展の時代」として語られることが多いし、昭和時代は、中国やアメリカとの戦いの末に日本の敗北へと向かった「転落の時代」というイメージが強い。それに対して大正時代には、強いイメージはない。前後の時代に挟まれた谷間の時代として、脇役的存在のように扱われてきた。しかし明治から昭和戦時期への転換という日本の歩み全体から見た時には、鍵となる時代であった。幕末開国時以上の国際化の大きな波が押し寄せ、明治時代の国際化から昭和戦時期の国際化への方向転換を準備した時代であった。そしてその転換は、大正期における国際化がはらんだ問題に大きくかかわっていたのではなかろうか。それを本巻では見ていくことにしたい。

大正への代替わり

ところで本巻のタイトルに、「大正」という天皇の名をかぶせた日本固有の年号を使用するのは、ちょっと奇妙かもしれない。天皇が代替わりしたからと言って、世界が変化するわけではないからである。

その世界は、どんな時代であったのだろうか。明治が終わった時には、当時世界の覇権を握っていた国は、まだイギリスであった。まだというのは、全盛期は過ぎていたということを意味する。イギリスの最盛期はヴィクトリア女皇の時代であった（在位一八三七〜一九〇一）。イギリスに対抗していたロシアは日露戦争の敗北によって力を減退させていたが、かわってドイツがイギリスの覇権に挑戦していた。やがてそれは第一次世界大戦へと発展する。大戦後にはアメリカが、新たにイギリスと肩を並べる覇権国の仲間入りをする。

いっぽうアジアでは、大正元年は中華民国元年でもあった。中国大陸では辛亥革命後を起点として長く続くことになる政治的な混乱（ちょうど本巻の扱う時期の直後に、北伐の完成という形でいったん収束することになる）が始まり、それに日本は能動的（主動的）な関与を見せていくことになる。これはアジアに向けての日本の国際化の一端でもあった。

図2　大正天皇

明治天皇が亡くなったのは、公式的には一九一二年七月三〇日のことであった。本当は二九日深夜であり、代替わりの諸手続きの都合上から翌日としたことはよく知られている。明治天皇の病状が宮内省から最初に発表された二〇日から、亡くなった七月三〇日（本当は二九日深夜）までの一〇日間、また亡くなってから葬儀が行われた九月一三日までの約五〇日間は、明治天皇に関する記事が連日のように新聞に掲載された。明治天皇が亡くなる前は病状が一刻ごとに報じられた。また没後は「明治大帝の御聖徳」「明治大帝の御偉業」など天皇を称える記事が掲載された。明治天皇は、近代日本発展の象徴としてとらえられたのである。

明治天皇の薨去《こうきょ》と同時に新天皇が即位し、元号も大正と定められた。ところが不思議なことに、新天皇（大正天皇という名は没後に諡《おく》られたものだが、不便なので大正天皇と記す）に関する記事は少ない。即位したばかりで報道する内容が少ないのは、ある意味当然であるが、すでに三三歳であり、皇太子としての「実績」があったから、もっと多くの記事があってもよさそうなものである。

また八月三一日は、ちょうど大正天皇の誕生日にあたっていた。つまり大正時代の最初の天長節は、明治天皇没後の一ヵ月後であった（翌々年から暑い季節を考慮して天長節は一〇月三一日とされた）。そこには、

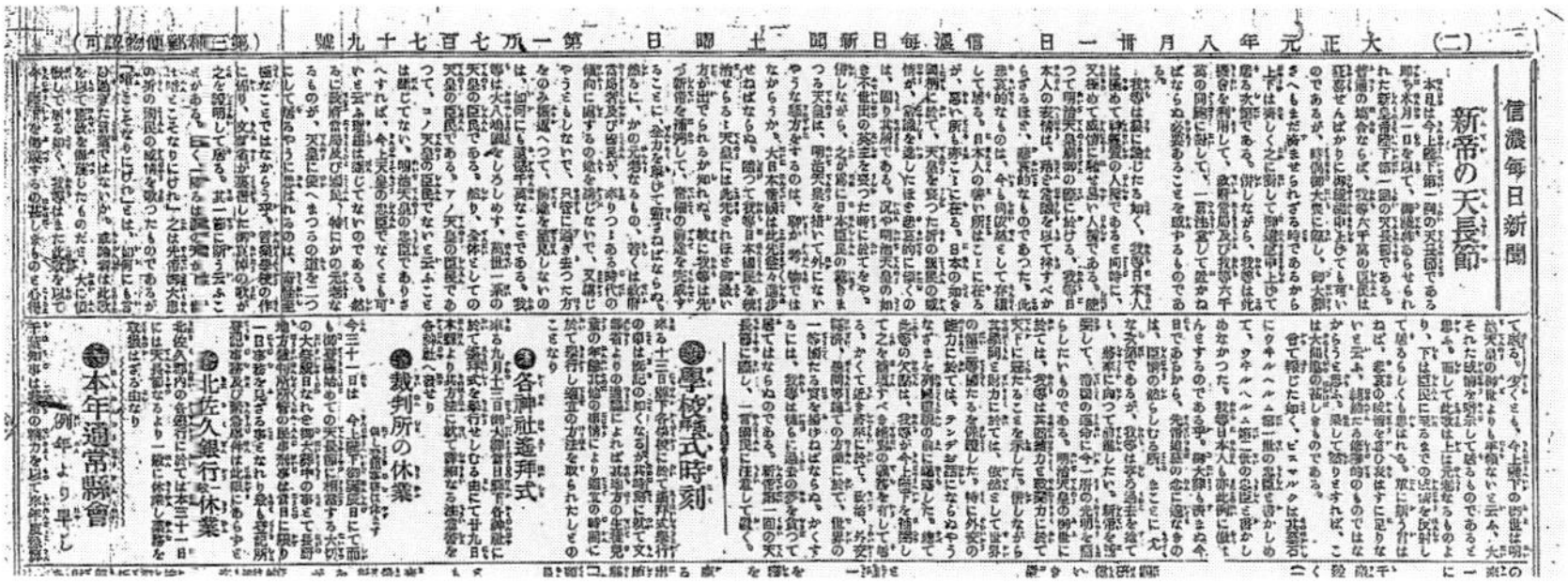

図３　新帝の天長節（『信濃毎日新聞』1912年８月31日）

もちろん記事はあるが、それほど多くはない。代替わりにあたってジャーナリズムの世界では、明治の過去を振り返ることはあっても、新しい天皇像や、その下で迎える時代について、天皇に絡めて論じることが意外に少なかった。むしろ『ニューヨーク・タイムズ』のような外国新聞の方が、明治天皇とは異なり、西洋式の教育を施され、外国語を身につけ、学校に通うなどの経験を有している大正天皇に対して、新しい時代の到来を予感して記事にしていた（F・ディキンソン二〇〇九）。

だが、ここに大正天皇に托して新時代への期待を寄せた人物が一人あった。『信濃毎日新聞』の桐生悠々《きりゅうゆうゆう》である。桐生は一九一〇（明治四三）年に大阪朝日新聞社から転じて入社し、一九一四（大正三）年まで在籍、その後『新愛知』をへて、ふたたび一九二八（昭和三）年から一九三三年まで同社の主筆をつとめた。二回目の主筆時代に軍部を批判したことで「抵抗の新聞人」と評価されている。ここで扱うのは、彼の最初の信濃毎日新聞社時代である。彼が九月一三日大葬時の乃木希典《のぎまれすけ》の殉死について、亡国的遺習だと述べたことは有名である（「陋習打破論」九月一九日～二一日）。いっぽう「新帝の天長節」（八月三一日）という社説（図３）では、新天皇と新時代への期待が述べられている。

要旨は、天皇を失ったことを悲哀的のみに語ることはどうかしている、日本国民の戴《いただ》く天皇は明治天皇をおいて外にないという騒ぎ方は考えものだ、むしろ新帝を補弼《ほひつ》して帝国の前途を完成することに尽力する必要がある、我らはむしろ過去を捨てて将来に向って前進したい、だから新帝を補弼して帝国の運命に今一層の光明をもたらしたい、というものである。これは元老や政府当局者および国民が、来るべき時代について抱負を語らないで、ひたすら過ぎ去った方ばかり振り返って、前途を見ないことは遺《い》憾《かん》千万《せんばん》であるという現状批判にもとづいていた。桐生が念願したものは、新しい時代の日本は、日清戦争や日露戦争で勝利して一等国として認められたことをふまえて、今後は政治・経済・学問・外交分野上でも世界の一等国にならなければならないというものであった。そしてそれは、日露戦後長く続いて来た桂太郎《かつらたろう》と西園寺《さいおんじ》公望《きんもち》が交互に政権を担当するという政治体制（桂園体制）が変革されねばならないという期待であった。

大正天皇の姿

大正天皇については最近研究が進み、いくつか新しい大正天皇像が提示されている。たとえば原武史（二〇〇〇）は、皇太子時代の行啓に関する新聞報道などを根拠にして、大正天皇は本来陽気で快活な人物であった、また病状悪化により摂政を置くことになったのは、開明的な態度を嫌った周辺人物により押し籠《こ》められたのだとしている。天皇の苦悩というものを浮き彫りにしている点や、天皇に対するイメージも変化していった可能性のあることを指摘していて興味深い。

古川隆久（二〇〇七）は、原とは異なり天皇の病状について重く見ており、出生時からの虚弱体質が最後まで影響を与えたこと、皇太子時代にも、その報道が少なかった理由として、彼が抱えていた個人的問題（わがままや勝手な行動を取る、これは良く言えば「気さくな」と表現される）があったこと、その結果として期待される天皇像を実現することができなかった悲運の天皇としている。

フレデリック・ディキンソン（前掲）は、大正天皇は明治という新時代に育った天皇であり、西洋風の文化を身につけており、また自身が欧米に興味を抱いており、皇太子時代から近代という新しい時代に即した新しい皇室の姿を象徴する二〇世紀の世界にふさわしい天皇だったとしている。そのようなイメージが報道によって確かに出来つつあったことは認めてよかろう。

しかし現実には、大正天皇固有の新しいイメージが定着するには、大正時代は短かすぎた。天皇の病状は悪化し、一九二一年には摂政《せっしょう》がおかれ皇太子の方がクローズアップされていく。その結果、われわれが有している大正天皇あるいは大正時代イメージは、その前後の時代に比べて強烈なものとして残されなかったのである。

一〇年後の日本

では大正期にどのような変化があったのだろうか。大正天皇への代替わりから一〇年後の『信濃毎日新聞』を見てみよう。たとえば一九二二（大正一一）年七月九日夕刊には、陸軍の軍備縮小問題の記事が一面に出ている（「陸縮の大暗礁」「陸軍軍縮実行期」）。ワシントン会議で海軍軍縮条約が結ばれた直後のことであり、この記事からは、軍縮が陸軍にも波及していたことがわかる。

いっぽう内政面では、一九二二年七月時点の内閣は海軍軍人の加藤友三郎《ともさぶろう》内閣であるが、その直前までは政友会による政党内閣（一九一八年原敬《はらたかし》↓一九二一年高橋是清《これきよ》）が日本の政治を担っていた。このあと加藤友三郎・山本権兵衛《ごんべえ》・清浦奎吾《きようらけいご》と中間内閣が成立したが、二年後には加藤高明を首班とする政党内閣が復活し、その内閣下で普通選挙法が成立し、政党内閣はしばらく続くことになる。政党内閣や普通選挙法の通過は、戦前におけるデモクラシーの一つの到達点と見なしてよい。これらはかなりの変化である。

現在、われわれは大正時代から約一〇〇年後の世界を生きている。一〇〇年後の今日の世界は、グローバル化が進み、マネーは国家の壁を越え情報は一瞬にして世界を駆けめぐっている。国際機関の重要性が増す中で、いっぽう独立国の数は、一〇〇年前では五〇もなかったのが、現在では一九〇以上となっており、まだ世界各地では民族問題が次々と発生し、ナショナリズムの対立が醸成されている。国際化が決して明るいものではないことも知っている。

本巻では、それまでは単なる国と国との関係であった時代から、国際社会へと一歩踏み出した一〇〇年前に立ち返って、国際化がもたらしたものを見ていくことにしよう。取り上げる題材はさまざまあるが、たとえば中国の動乱や第一次世界大戦にどのように対処しようとしたのかというような政治・外交上の問題、大戦中から流入してくる新思想をどのように受け止めたかというような思想・社会上の問題のような、従来から指摘されてきたことのほかに、スペイン風邪の流行やモダニズムの席捲、そして皇太子が海外に出て行くというようなことも国際化の現われであった。本巻は通史であるので、その問題だけにしぼることはできないが、このようなことを念頭におきながら叙述を進めていきたい。

一　大正政変——中国革命の余波——

1——第一次憲政擁護運動

内大臣桂太郎

プロローグで紹介した桐生が期待した新しい時代の政治とは、日露戦争後長く続いて来た桂太郎と西園寺公望が交互に政権を担当する政治体制（桂園体制）の変革であった。桐生の社説は、桂太郎が内大臣兼侍従長に任じられたこと（八月一三日）を受けて書かれたものであった。内大臣は、もともと宮中で天皇を後方支援することが職務であり、「宮中府中の別」原則によって、桂は現実政治から身を引いたと理解されたのである。もっともこの任命は、長州閥を率いる山県有朋《やまがたありとも》が、これ以上、桂の権力上昇を好まなかったことによりなされたという裏事情もあった。いっぽう桂は桂で、これまでの政治運営のやり方に限界を感じており、政治権力的には山県からの自立を図り、政策的にも山県から離れつつあった。最近の研究によれば、桂の内大臣時代から、その職務に天皇の政治的補佐役という役割が加わったとされる。若く病弱な新天皇を迎えて、桂は大正時代の新しい国家運営のあり方を模索しようとして内大臣を引き受けたのかもしれない。

桐生は、桂の政界の表舞台からの引退を喜ばしいことだとし、これが政治を変えるきっかけとなる、これから新しい政治が始まると期待した。このような期待は、明治末期から主にジャーナリズムの世界で用いられるようになった「閥族打破《ばつぞく》」という言葉に籠められていた。「閥族」の指すものは「藩閥」が中心で、それは初期議会以来の官僚主導の政治体制批判＝議会政治の重視を引き継ぐものであったが、日露戦後の時期には既成の政治・社会体制（桂園体制）を支える諸勢力をひっくるめて「藩閥」（長州閥や薩摩閥）、「党閥」（政友会や国民党）、さらには「学閥」（帝国大学）、「財閥」（三菱や三井）、「閨閥《けいばつ》」などと批判の意味を籠めて使用されていた（鵜崎鷺城『人物評論朝野の五大閥』）。

大正政変

一九一二年一二月、突如このような批判の動きが政治を揺さぶることになった。第二次西園寺内閣の総辞職を起点とする大正政変と呼ばれる政治的混乱である。原因は、次年度予算案で陸軍が要求する二個師団増設が認められなかったため、上原勇作陸軍大臣が天皇に直接辞表を提出した（帷幄上奏《いあくじょうそう》）ことによる。そして陸軍が後任陸相の推薦を拒否（三日）したのであった。当時、軍部大臣は現役の軍人（武官）が就任することになっており、陸軍省が人事に反対すれば、内閣は閣員を欠くことになり、内閣は成立しなくなる。そのため五日に西園寺内閣は、総辞職せざるを得ない事態となったのである。

陸軍の増師要求は、日露戦後の一九一〇年に策定された国防方針による二五個師団整備計画にもとづく軍備拡張の一部実施を求めたものであった。この時に陸軍がそれを強硬に推し進めようとした背景には、ひとつには海軍拡張が優先されたための対抗措置という側面もあった。より重要であったことは、この師団が新たに領土に組み入れられた朝鮮に常駐する予定の師団であったことと、辛亥革命《しんがい》勃発後の中国情勢の混乱に対応するためのものであったことであろう。日露戦後における大陸植民地の獲得により日本が大陸国家化したことが、日本の国内政局に影響をおよぼしたのである。

事態が紛糾したのは、さらに別な理由があった。桂園体制の打破を唱えていたのは、桐生のような在野の人間ばかりではなかったからである。桂園体制は、日露戦争の後始末を行うため、藩閥勢力を代表する桂太郎と議会多数党である政友会総裁の西園寺公望との間で政治的妥協がはかられた体制として成立したものであった。日露戦後の日本は、戦時の内外債発行により借金して調達した膨大な戦費を返済するため、戦時中の苛酷《かこく》な重税を戦後にまで継続する必要があった。また多くの青・壮年者が出征し生産力が低下した農村の疲弊を回復しなければならなかった。それには政界の安定が必要だった。しかしこの藩閥官僚と政友会の取り引きは、しだいに政党の力を拡大させることになり、政友会が政府の予算策定にも大きく影響力をおよぼすようになっていた（伏見二〇一三）。それを推進したのが、政友会の幹部であった原敬であった。

一九一一年八月に第二次内閣を辞任した桂太郎は、政友会との妥協提携による政治の限界に気づきはじめており、また辛亥革命時の西園寺内閣の外交運営にも不満を持ち、新たな道を模索し始めていた。それがたとえば明治天皇の亡くなる直前に出発し、途中で引き返すことになった訪欧であった。桂は、そこで諸国政治家と親交を深め、イギリスの政党政治調査を行い政治改革をめざそうとした。桂は帰国後、内大臣となり、いったん政治の表舞台から引退したような姿となるが、胸には新たな野望を秘めていたのである。そのことが大正政変の混乱を増幅させる大きな要因になった。

また海軍・薩摩派に接近していた政友会の影響力の増大は、陸軍・長州閥にとっても脅威であった。西園寺内閣倒壊の筋書きは長州出身の軍務局長の田中義一《ぎいち》の立てたもので、田中は政党内閣の出現を忌避するために、長州閥の寺内正毅内閣の樹立をめざして動いていた（「二個師団増設問題覚書」）。

憲政擁護運動　以上のような政界裏面の動きは、世間の知るところではなかったから、第二次西園寺内閣の総辞職は、まったく陸軍・藩閥の横暴と映った。増師問題の紛糾が伝えられると、まず日露戦後から力を増しつつあった商工業者の中から増師反対の声が起こった。一二月四日に東京商業会議所は、時局問題特別委員会を開催して政局の展開に対して批判を行い、一四日の交《こう》詢《じゅんしゃ》社有志による時局懇親会で「閥族打破・憲政擁護」をスローガンとする第一次憲政擁護運動が開始された。西園寺内閣倒壊後の後継首相奏薦《そうせん》のための元老会議は難航し、次々と候補者に断られた末、一二月一七日に大正天皇の詔勅によって桂太郎に組閣が命じられた。当時首相は、議会が選出するのではなく、天皇の名において任命され、実際には元老たちの会議によって指名され、組閣した。

政界から宮中に引退したはずの桂の再登場に世論は沸騰し、一九日には第一回の憲政擁護大会が歌舞伎座で開かれ、反対の動きは新聞を通じて全国に広がっていった。従来の「閥族」批判に、今回の倒閣以後の政界の動きを立憲政治の危機だと感じる人々の動きが加わったのであった。これは桂が長州出身の陸軍軍人であり、増師に積極的であると誤解されたことや、内閣組織にあたって桂が、海軍拡張予算の承認を海相就任の条件として突きつけていた海軍を黙らせるために大正天皇の詔勅を利用したことが、憲政を踏みにじる行為と見なされたことによって増幅された。

図4　衆議院門前に押し寄せた群衆（2月5日）

この運動は、当初は野党の位置にあった犬養毅《いぬかいつよし》を中心とする国民党政治家や経済人・新聞記者が担っていた。そして一二月二一日に第三次桂内閣が成立し、さらに一ヵ月後の一月二〇日に桂が新政党の創設を発表すると、従来は桂と妥協してきた政友会も運動に参加し、新富座《しんとみざ》で開催された一月二四日の第二回憲政擁護大会は盛り上がりをみせた。いっぽう桂による新党創設は国民党の分裂を招いたが、桂への支持者は少なく、これにより二月五日に衆議院に出された不信任案は通過する勢いとなった。この時、尾崎行雄によってなされた、桂は「常に玉座《ぎょくざ》の蔭《かげ》に隠れて政敵を狙撃する」ような挙動を取って、「玉座を以て胸壁《きょうへき》と為し、詔《しょう》勅《ちょく》を以て弾丸に代へ」て政敵を倒そうとしているという糾弾演説は有名となり、犬養と尾崎は「憲政の神」と称えられた。

この日、議事堂の周辺を取り囲み、議事進行の行方を見守っていた桂内閣に反対する五〇〇〇人以上の群衆は、議会の停会を聞くと不穏な空気を漂わせた（図4）。このような情勢に対して桂は、政友会員をなだめる意味を持つ詔勅を西園寺に対して出してもらうよう、重ねて大正天皇を「利用」した。しかしこれは党員の激昂を招いただけで、事態は改善せず、むしろ西園寺を窮地の立場に追い込み、やがて西園寺は違勅《いちょく》を理由に政友会総裁を退くことになる。休会明けの一〇日、桂は内閣総辞職を決意し、ふたたび休会を宣言した。議会を包囲していた群衆は、また停会と聞くと暴徒化し、大臣官邸・政府系新聞社・交番などを焼き打ちし、騒動は全国に飛び火した。この事件は、立憲政治の擁護を掲げた民衆運動が、内閣の運命に直接的な影響を与えたという政治的な意味で、大正期におけるデモクラシー運動の画期をなすものとされている。日露戦後の日比谷焼打事件以来、市民大会方式を通じて新聞が世論形成と都市民衆動員に大きな影響力を築きつつあり、この時にも新聞を通じたキャンペーン報道が行われたことが運動の広がりを支えたのであった。

第三次桂内閣

ではなぜ桂は困難な状況に直面して、これまでのような政友会との提携路線を放棄し新党結成にふみきったのだろうか。桂は、政変の原因となった二個師団増設について は消極的であり、国防会議を開催して調整決定するとして師団増設を見送ったから、この問題では、もう一回政友会と妥協を重ねることは可能であった。政友会幹部の原敬も、桂の妥協申し出を待っていたように見える。桂が最も簡単に行える議会対策は政友会との妥協であり、それまでの政治から考えれば妥協が当然視された。だから桂の再登場は、これまでの古い政治の復活だとして、運動も盛り上がったのであった。しかしあえて桂がそれをしなかったのは、桂が新たな道を求めていたからであった。

それは第三次桂内閣の構成メンバーや政策にも表われている。まず閣員は、山県有朋の影響を抑え、桂系のメンバーを揃えたものであった。内務大臣大浦兼武《かねたけ》、外務大臣加藤高明、大蔵大臣若槻礼次郎、逓信《ていしん》大臣後藤新平、司法大臣松室致《まつむろいたす》、文部大臣柴田家門《しばたかもん》、農商務大臣仲小路廉《なかしょうじれん》、陸軍大臣木越安綱《きごしやすつな》、海軍大臣斎藤実《まこと》で、斎藤海相が天皇の詔勅を利用しての留任だった。陸軍大臣の木越安綱は桂が第三師団長当時、その下で参謀をつとめた人物であった。この顔ぶれで重要なのは、大浦の内相就任であった。大浦は警察官僚出身で、中央倶楽部という従来から藩閥に近い議員グループを統率するとともに、地方政界状況を熟知していた。予想される衆議院解散、そして総選挙にさいして政友会を牽制するための布陣と言われた。また後藤新平は、桂のもとで力をつけてきた政治家であり、その猛腕を通じて積極的なエネルギー政策と交通政策および植民地開発を推進することが期待されるとともに、政党勢力にも一定の影響力を有していた。若槻礼次郎は、後に二度首相となるが、第二次桂内閣の時に蔵相を兼任した桂の下で次官を務め、実質的に大臣として緊縮型の財政政策を展開した人物である。

そして意外の感を与えたのが駐英大使から起用された加藤高明の外相就任であった。加藤は、それまで第四次伊藤博文内閣・第一次西園寺内閣で外相を務めたことから、政友会系で、桂の政敵と見なされていたからであった。しかし一九一二年四月頃、加藤がロンドンから一時帰朝中に桂と数度面会して関係が築かれ、次に桂が内閣を組織するさいには外相となることが約束されていた。加藤が実際に就任したのはロンドンから帰国後の一月二九日であったが、その時にも「重要なる事項に関し総《すべ》て意見合致」したと述べている。具体的には、対英関係を外交関係の主軸とし続けることや、政党政治の必要性に関するものであったろう（一九一三年二月六日付伊集院宛加藤書簡、一月三〇日付牧野伸顕《のぶあき》宛山本達雄書簡）。加藤は、この変身によって桂の後継者の位置を得たのである。

徳富蘇《とくとみそ》峰《ほう》が経営していた『国民新聞』（一二月二一日）に、「桂内閣の新政綱」という記事が掲載されている（図5）。『国民新聞』は桂系に属する新聞であったから、これは桂周辺からの情報によるものだと思われる。それは①憲政成美《せいび》を標榜、②五〇〇〇万円の行財政整理、③外交不振の刷新、④国債五〇〇〇万円償還の継続、⑤税制整理の根本調査、⑥国防計画の健全化であった。①の「憲政成美を標榜すること」の意味は、これまでのような藩閥政治や政友会との提携による政局運営ではなく、「天下と共に天下の政治を行」うことと説明されている。憲政の成

（二）　大正元年十二月十九日　木曜日　國民新聞

桂内閣《かつらないかく》の新政綱《しんせいかう》

憲政成美の標榜▲行政整理五千萬圓▲外交の刷新▲國債五千萬圓償還方針の繼續▲税制の根本的調査▲國防計畫の健全

一、憲政成美を標榜

一、外交の不振に對し刷新を加ふ

一、國債五千萬圓償還の方針を繼續

一、税制整理の根本的調査をなす

一、國防計畫を健全

閣員顔觸

十八日の桂公邸

図5　桂内閣の新政綱（『国民新聞』1912年12月21日）

美とは、憲政の済美とも言い、立憲的政治を実現するということを意味しており、吉野作造の有名な民本主義論のタイトルでも使用されている（本書九七頁参照）。具体的には国民的政党創設の予告であった。②④⑤は、行財政整理と緊縮財政の宣言であり、そのためには軍拡問題については、⑥の国防会議という審議機関を設けて調整しようとするものであった。

立憲同志会創設

政治的混乱を増幅させた点でも、その後の大正政治史の歩みの上でも、この時の桂による新党創設は重要であった。短期的には衆議院での多数派工作としてなされたものであり、それだから護憲運動を推進する立場からは、首相が議会操縦のために政党を創設することは憲政のあり方としては不純な動機にもとづくものだと批判されたが、長期的には、新党は後に憲政会（さらに後に民政党）という二大政党の一つに育っていき、本巻の最後に言及する二大政党による政党内閣時代を用意することにつながったという意味では、憲政史の発展を位置づける歴史的一コマだった。

桂は政党創設にあたって、従来の政党利用の内閣では自分の理想とする政策の八、九割しか実行できなかったから、今後は自ら政党を組織して十分に自分の理想を実現しようとする意志にもとづくものであることを山県に伝えていた（山県「大正政変記」）。そしてこれはまた、それまでの元老の了解を取りつけて行うという政治運営も否定するものでもあった。首相を引き受けることになったとき、桂は西園寺に対して、今回の問題の副産物は、以後元老がまったく口出しのできないようにしたことで、お互いに幸せだと語っているし、大正天皇にも政治を閣外の元勲に私議する習慣を廃止したいと述べている（『原日記』一二月一八日、一二月二一日付桂宛渡辺千秋書簡に同封「組閣にあたっての覆奏案」）。桂は、国民的大政党を組織して国民勢力を結集して内外政策にあたろうと考えていたのである。

もっとも当時の状況下にあっては、それは実現できず、政党の姿も意図通りにはならなかった。一月二〇日の新党樹立宣言によって桂の下に馳せ参じたのは、従来から桂支持であった中央倶楽部員と国民党の改革派全部と非改革派の一部で、合わせて九三人であった。非改革派で参加しなかったのは犬養を中心とするメンバーの四三人であった（会期末の人数）。国民党は桂園時代に「藩閥」批判と同時に「党閥」批判を繰り広げ、政友会の地方利益誘導型の政治を批判していた。脱党した改革派の五領袖《りょうしゅう》（大石正巳《まさみ》・河野広中《ひろなか》・島田三郎・武富時敏《たけとみときとし》・箕浦勝人《みのうらかつんど》）は、一月末に数回桂と会見し、彼らの政見を新党の政策とするという約束を桂から取りつけた。彼らにとっては桂の転身と政友会に対抗できる二大政党の創設の方が重要であった。

桂を引き継いで後に党首となる加藤は四月になって入党した。入党にあたって、新党は政権獲得のために軽挙妄動しないこと、たとえ野党であっても政策に責任を持ち漸進・着実を期すというイギリス流の政党をめざすことを確認したという。加藤は、二大政党が切磋琢磨して国家に貢献することを理想としていた。このような政党観は、桂に従って新党に参加した有力官僚であった後藤新平の政党観と対立することとなり、やがて加藤がリードするようになった党から後藤は離れていくことになる。

中国革命の余波

ところで前年一九一一年暮れから翌年にかけての辛亥革命にさいして、日本の民間政治家たちが、清朝政府の維持存続を支援する当時の日本政府の方針に反対して、孫文らの革命派を応援したことが知られている。そして中国における革命の成功が、憲政擁護運動を昂揚させたことも、かなり以前から指摘されてきた。保守的な清国の政体を倒し共和国を出現させた革命運動が、同じように「桂園体制」のもとで閉塞していた政界状況を変化させる運動を活性化させたというのである。その例として「大正の維新は、ある意味において第二の支那革命たり」という言葉を述べたジャーナリスト稲垣伸太郎などの言が注目されてきた。

いっぽう隣国における共和政体の出現を流行病になぞらえ、共和政体が日本の国体を害することのないよう予防手段を執ることの必要性を訴えたのが、官僚系ジャーナリズム『国民新聞』社主の徳富蘇峰であった（『国民新聞』一九一一年一一月一二日・一六日）。また朝鮮総督の寺内正毅《まさたけ》は憲政擁護運動の民衆騒擾《そうじょう》に、「革命に関与せし同国人及之《およびこ》れに関したる邦人の一部分と社会主義者等の混交しあるは確か」と注意をうながしていたし、朝鮮の独立運動を呼び起こすのではないかと憂慮していた（一九一三年二月一三日付田中義一宛電報草稿、二月一九日付山県宛書簡）。このように隣国の辛亥革命は、日本の保守層にちょっとした「国体の危機」を意識させ身構えさせたのである。これが西園寺内閣を倒壊させる動きに潜んでいたのである。

そして桂についても辛亥革命を重く受けとめたという点では同じであった。桂は、イギリスとの十分な政策協調を維持できず、また中国情勢の変化についていけなかった第二次西園寺内閣の外交手腕について、「船頭《せんどう》なしの船に乗り居心地《おるここち》」がする（二月五日付寺内宛桂書簡）として不満を持ち、日本が主導して列強間の協調関係を再構築することと中国への影響力を確保することを、自分の手で行う必要を感じるようになった。その結果として従来は疎遠であった親英派の加藤および民間の親革命派に属する人物と関係を持つようになったのであり、その関係が大正政変にあたって表面化したのである。「桂内閣の政綱」の③の「外交の不振に対し刷新《さっしん》を加えること」には、説明として日英同盟をますます強固にすること、日露・日仏協約の精神を緊張すること、その他の諸国とも親善につとめ、東洋永遠の平和を期すことと書かれていた。具体的には中国問題について諸列強と利害調整していくことであった。この部分に惹かれて、国民党からも、それまで桂を批判していたメンバーの中で、新党に加わったものがかなりあった。これらの人物は、日露戦争直後から立憲政治を実現することによって国民の総力を結集して内政外交を行ない帝国の発展をめざすという主張をしていた者が多かった。彼らは、革命派を援助して日中提携により満洲問題（中国問題）の解決を図ることを期待して新党に加わったのであった。

この時に結成された新党は、立憲同志会と名付けられたが、その綱領には、さらに社会政策の実現をめざすことを意味する部分があった。社会政策の導入は国民の力を結集する方法として注目され始めていたのである。そして挙国一致を標榜する桂のもとに、さまざまな政策と期待を持つ者が集まって成立したのが立憲同志会であった。

それまで軍閥・官僚閥を代表すると思われていた桂が政党を作らねばならないと感じるようになったところには、間接的ではあるが辛亥革命という国際的事件が影響をおよぼした外からの国際化の影響を見ることができる。そしてまた重要なことは、これをきっかけにして中国情勢に積極的に関与していこうという外への国際化も促進されることになったことである。それについてはおいおい述べていきたい。

2―第一次山本内閣

第一次山本権兵衛内閣

一九一三年二月一一日に総辞職を表明した桂内閣の後継に元老会議が奏薦したのは、海軍大臣を何度もつとめたことのある山本権兵衛《ごんべえ》であった。しかし組閣には時間がかかった。それは憲政擁護運動が藩閥打破を掲げており、山本も日露戦後体制を担ってきた薩摩閥の中心人物であったからだった。衆議院を乗り切るために政友会の支持を調達するのに手間取ったのだった。山本は、伊藤博文系（伊藤は一九一〇年に亡くなった）の官僚たち、たとえば山本達雄（農商務相）、奥田義人（文相）、それに日銀総裁の高橋是清《これきよ》を蔵相に据え、陸相・海相・外相以外の閣員は政友会に入党させることによって、政友会の支持を取り付けた。政友会からは原敬が内相、松田正久《まさひさ》が法相、元田肇《もとだはじめ》が逓相として加わった。外相には加藤高明の留任を希望したが、加藤は桂との信義を重んじて辞退し、薩派で第二次西園寺内閣の閣員をつとめた牧野伸顕が就任した。陸相の木越《きごし》と海相の斎藤は留任した。内閣が成立したのは二月二〇日であった。山本が政友会の主義・綱領を受け入れたことや、本人は政党に入らないが陸海外相以外は入党したことで、政党内閣に一歩近づいた内閣となった。

しかし政友会内には、薩摩閥との提携を憲政擁護運動への裏切りだと考える者もいた。尾崎行雄ら一部の党員二四人は、政友会を離党して政友倶楽部《せいゆうくらぶ》を分立させた。護憲運動の力は政友会の離脱によって弱まったが、運動は山本内閣に対する廃減税運動（織物消費税・営業税・通行税の廃減税要求）に形を変えて継続されていくことになる。

二月二七日から再開された衆議院の情勢は、山本内閣にとって、政友会が過半数を割ったことにより難しいものとなった。予算案は新予算編成の時間的余裕がなかったため、桂内閣のものを引き継いだ。山本は林毅陸《きろく》（政友会）の質問に答える形で、政党を重視し世論を尊重すること、政変の原因となった陸海軍大臣現役武官制の改革を行うこと、文官任用令の改正の必要なこと、減税案を提出することなどを言明し、予算案は五票の差でかろうじて衆議院を通過した。

図6　山本権兵衛

軍部大臣現役武官制廃止と文官任用令改正

右のうち、陸海軍大臣現役武官制の改正は、陸軍部内の強い抵抗を押し切ってなされたものであった。六月一三日に発表されたこの改正は、大臣の就任資格から「現役」の二字を除き、予備・後備の大将・中将も軍部大臣になれるとしたものであった。前述のように現役武官の人事権は陸海軍省が握っていたので、その了承を得られなければ内閣は成立できなかったのを、予備・後備役にまで資格を拡げることによって、陸海軍省の承諾が必要なくなるという意味を有するものであった。また予備・後備役の軍人は政党に加入することが可能であった（現役軍人は制度的には政治に関与することは禁じられていたのに対して）から、これは政党員の非現役軍人の軍部大臣が将来生まれる可能性を含んだものであった。実際には、その後もそのような例は生じなかったが、軍のシステムを破壊するものとして、参謀総長の長谷川好道《よしみち》は強力に反対し、四月二四日には不同意であることを天皇に直奏した。山本首相は、陸軍が拒めば憲政擁護運動の再発をもたらし内閣の崩壊を引き起こすとして木越陸相を説得した。木越はそれを受け入れたものの、責任をとって六月二四日に辞任した。その後任には、非長州系の人物で技術審査部長であった楠瀬幸彦《くすのせさちひこ》が就任した。

ところで、この改正にともない、内閣による陸軍のコントロールを恐れた陸軍・参謀本部は、陸相・参謀総長の職掌《しょくしょう》見直しを行い、陸相・参謀総長の間で動員手続に関する協定がなされ、参謀本部の主導性が高められた。すなわち朝鮮・満洲・中国に駐屯する軍隊の交代・命令などが参謀総長の伝宣《でんせん》によるとされ、編制についても参謀総長の起案によるものとされ、日露戦争前後に強められた陸軍省の力が弱められ、動員業務も参謀本部へ移されたのである。これは昭和期になって、政軍関係に大きな影響を与え、軍部の独走を招く要因になる。

政府機関の行政整理についても六月一三日に発表された。五三〇〇人削減、年額経費三四〇〇万円以上を削るもので、各省の局課が廃止・統合されるなど、かなり大規模なものとなった。以前から世論の要求が高かったものである。

八月一日に発表された文官任用令の改正は、第二次山県内閣の時（一九〇〇年）に政党員が高級官僚となることを禁じた文官任用令を改正するもので、政府による自由任用・特別任用の範囲を拡大したものであった。陸海軍を除く各省次官、内閣書記官長、法制局長官、警視総監、貴衆両院書記官長、警保局長、各省勅任参事官が自由任用とされた。これによる政党人の任用は数人であり、多くは官僚からの登用が続いたが、官僚たちの政党系列化を促がすことになった。またこれとは別に南満洲鉄道会社副総裁に政友会幹事長の伊藤大八《だいはち》が、東洋拓殖銀行副総裁に政友会院内総務の野田卯太郎《うたろう》が就任するなど、植民地に深く関係する場所に政友会員が登用されている。

山本内閣の成立を導いた原敬は、桂の辞職によって憲政の危機は過ぎ、段階は「憲政の為新しき努力を要する時代に進み来れるものなり〔中略〕政治は実事也《じつじなり》。空理空論《くうりくうろん》に非ず」（「政変真相」）と述べているように、大正政変の混乱を利用して、国家行政運営における政党の影響力を高めていく方向で改革を進めたのである。

カリフォルニア州の排日問題

山本内閣は、政治的に困難な状況下で強力に内政を進め成果をあげたが、外交問題では困難な問題に直面した。第一は、アメリカのカリフォルニア州での排日問題の再発であった。アメリカとの関係は、日露戦後からライバル的なものに変化していた。対立をもたらした一つの問題に、西海岸における日系移民の排斥問題があった。一九〇六年の学童隔離問題後の紳士協定（一九〇八年）により、日本はアメリカへの移民を自主規制していたが、成功した移民者に対する嫉妬や差別感情などはおさまらず、一九一三年五月に制定されたカリフォルニア州外国人土地所有禁止法は、帰化不能《きかふのう》外国人の土地所有を禁止した。その影響を受けるものは実質的に日系人であったから、排日土地法であるとして、日本国内での激しい反発を生んだ。日本はアメリカに対して通過させないよう要請したが、州の権限であるのでアメリカ政府も阻止できなかった。これに対して、四月頃から政友会を除く野党勢力は厳しい態度をとった。たとえば同志会の島田三郎は、日米同志会を組織して政府批判を繰り広げた。

中国の第二革命

第二は、中国情勢の変化であった。辛亥《しんがい》革命後に成立した中華民国は、当初は孫《そん》文《ぶん》（孫逸仙・孫中山）が臨時大総統に就任したが、清王朝支配を終わらせることを条件に一九一二年三月に袁世凱《えんせいがい》が大総統職を引き継いだ。袁は、それまで清王朝を支えてきた軍人であり、革命には反感を持っている保守的な人物であったため、しだいに革命派を圧迫した。そうした中で起こったのが一九一三年三月二〇日の宋教仁《そうきょうじん》暗殺事件であった（二二日没）。宋は革命共和派の中心人物の一人であった。当時、日本を訪問中だった孫文は、急遽帰国し、この事件をきっかけとして、袁と革命派の対立は激化していく。

そもそもこの時、孫文が日本に来ていたのは、革命成功を受けて朝野の有力者とのネットワークを築くことにあった。孫の多くの来日の中で、この時だけは国賓《こくひん》級の扱いを受けたもので、それは第三次桂内閣関係者のリードによるものであり、来日した時はすでに内閣総辞職直後であったが、桂や他の関係者に会見して一定の支持を調達した。まさに憲政擁護運動のまっただなかに、軍閥の代表とみなされた桂と中国革命を象徴する孫との取り合わせは意外だが、桂が創設した立憲同志会には、旧国民党出身者を中心に革命派援助論者が多く含まれており、桂もすでに述べたように辛亥革命後の日本外交刷新を企図しており、その関連で中国との関係改善をめざしていたのであろう。

したがって袁世凱と革命派の対立が高まり、革命派が日本に援助を求めてくるようになると、同志会や国民党系の政治家は、革命派支援に動いた。これに対して第一次山本内閣は静観（不偏不党）の態度で臨んだ。これは袁を支持するイギリスの方針に従ったもので、たとえば四月二七日には五国借款団（英仏独に日露が加わったもの）による善後借款と呼ばれる二五〇〇万ポンド借款契約を結んだ。これは袁政権にとっては好都合なものであったから、革命派に同情的な勢力からは北方軍閥政権への肩入れだと批判された。また第二革命後の一〇月六日には中華民国政府を正式に承認した。

第二革命というのは、七月一二日に江西省で李烈鈞《りれつきん》が袁世凱に対して挙兵したものである。この革命騒ぎは、袁軍によって圧倒され、八月九日には孫文や黄興《こうこう》が日本に亡命し、失敗に終わった。そのさいに北軍（袁派）が南軍（革命派）を攻撃する過程で、八月五日に兗州《えんしゅう》事件（日本の清国駐屯軍将校が監禁された事件）、八月一一日に漢口《かんこう》事件（漢口駐屯の日本軍の将校が捕らえられ殴打された事件）が、そして九月一日に南京が袁軍の手に落ちる過程で、外国人商店が掠奪され死者が出るような事件が発生した。南方援助論者は亡命者を匿《かくま》うことくらいしかできなかったから、対外硬世論はこの三事件を捉えて、袁への厳しい対応を政府に求めることと、この機会を利用した満蒙懸案の解決という対外強硬色の濃い要求を行った。その中心が新たに組織された対支同志連合会であり、厳重な要求、決然とした交渉により問題を解決し、帝国の威厳と権利をまっとうすべきだ、つまり内閣の対応が手ぬるいとして山本内閣批判の国民大会を開催した。九月五日には「軟弱外交」を推進しているとして阿部守太郎外務省政務局長が暗殺される事件も起こった。九月七日に日比谷で開催された国民大会には、数万の民衆が集合し、散会後は外務省に押しかけ、一部の者は電車を襲撃した。このようにかつて憲政擁護運動に熱狂した民衆は、対外硬問題にも熱狂したのであった。

立憲同志会の結党式

二月に創設された立憲同志会は、四月初旬から桂が病床に伏し、七月中旬に一時危篤《きとく》となったために体制が見直され、遅れて入党した加藤高明が経歴により筆頭常務となった。しかしすでに述べたように後藤新平との間には理想とする政党の姿だけでなく、外交政策においても違いがあったため、すぐに対立が表面化した。加藤は山本内閣と同じようにイギリスとの協調を最優先していたが、後藤はロシアやドイツとの提携を重視していた。さらに中国の革命派援助を主張する「アジア主義者」たちの存在があった。これは旧国民党員に多かった。このグループは、満洲における日本影響力の増大を援助の見返りに期待して革命派（南方派）を応援していた。野党としては内閣との対決を鮮明にすることが求められたが、加藤は政権獲得のために軽挙妄動しないこと、たとえ野党であっても政策に責任を持ち漸進・着実を期すというイギリス流の政党をめざすことを条件とし、外交問題を手段とする内閣批判を嫌い、日本は静観して中国内政に干渉すべきではないという態度をとった。そのため、党員の反発を招いた。このようにして、同志会内では外交政策の違いの中から、その後長く続くことになる幹部派と非幹部派の対立が生まれてくることになった。

桂は、回復することなく一〇月一〇日に亡くなる。癌《がん》であった。桂の死は、後藤や仲小路廉の脱党

図７　立憲同志会結党式における加藤高明

を招いた。後藤は政党を国民の政治教育の場ととらえるとともに、新党は政友会の党弊矯正のため作られたということを強調していた。もともと後藤が新党に加わったのは桂との関係によるものであり、大浦兼武や加藤との関係は悪かったし、後藤がめざした政党は、議会政治の運用を円滑にする手段であり、国民の啓発および指導のための組織であって、二大政党制や政党内閣をめざすものではなかった。後藤の脱党は、このような政党観が異なっていたところに起因したものであった。

立憲同志会は、年末の議会開会を前にした一二月二三日に正式に創立大会を挙行し、加藤が党首に選出された（図７）。就任演説において加藤は、政友会は一部の人や地方の小利益を実現することに汲々としていて国家社会の真利益を忘れていると批判し、国民真正の世論にもとづいた政党の必要を誓い、「野にありては政府に対する警告者たり、督励者《とくれいしゃ》たり、攻撃者たり、肉薄者たるべし」という野党としての役割を果たすことを高く掲げた

（「新政党結党式」）。新党は政友会の白紙主義に対して、毎議会、党の政策を発表した。そこには社会改良政策の導入を謳うなど、進歩的な面も示した。

悪税廃止運動

議会前の政界状況を確認しておこう。与党の政友会は、分裂した政友倶楽部からの復党者を加えて二〇三名と過半数を確保した。野党は、同志会九一名、国民党四一名、それに政友倶楽部と亦楽会《えきらくかい》が合同してできた尾崎行雄を中心とする中正会四〇名であった。国民党の犬養は山本に好感を抱いていたから厳正中立という立場であり、同志会との対立もあり野党三派のまとまりはなかった。その中で内閣は、山本首相の強力なリーダーシップと衆議院の過半数確保によって、陸軍の増師要求を退けるなど、その基礎は盤石のように見えた。

野党が共闘できたのが三税廃止問題（減税問題）であった。同志会では、加藤は、営業税全廃を人気取り政策で不可能だと考えていたようであるが、代議士会の決議で営業税全廃、通行税の減税を掲げ、国民党は織物消費税の廃止なども掲げた。営業税は、商工業者の資本金額・売上金額・従業員数等の外形的標準にしたがって課税するもので、収益とは関係なく、また日露戦争にさいして一五〇％も増税されていたので産業の発達を阻害するものとして商工業者の反発が強かった。一月下旬から二月にかけて運動は徐々に全国に広まりを見せ、一月三〇日に商業会議所連合会も全廃を決議した。そしてその運動は、次に述べるジーメンス事件の問題化と重なり合い、民衆運動昂揚の基盤となった。これに対して山本内閣は、営業税の軽減案を提出して対抗し、それが二月一六日に衆議院を通過し廃税運動は敗北した。

3—ジーメンス事件と第二次大隈内閣の成立

ジーメンス事件

わずか一年足らずで倒れるとは予想できなかった山本内閣は、結果的には海軍の汚職事件であるジーメンス事件によりあっけなく倒壊することになる。この事件が暴露されたのは、一月二三日の島田三郎の議会演説であった。ジーメンス社のタイピストが事件を種に同社を脅迫して懲役に処せられたという一月二三日のロイター電報がきっかけであった。それが軍艦の受注をめぐるヴィッカース社やいくつかの会社からコミッションを受け取った海軍関係者の贈収賄事件にまで広がった。事件は一九一〇年以後のもので、山本首相が責任ある位置にいたわけではなかったが、海軍の腐敗と捉えられた。二月九日に沢崎寛猛《ひろたけ》大佐が収賄容疑で収監され、ついで藤井光五郎機関大佐が、さらには三月に入ると三井物産重役の岩原謙三《いわはらけんぞう》、山本内閣崩壊後の三月三一日には呉鎮守府《くれちんじゅふ》司令長官の松本和《かず》も収監された。

今度は薩派・海軍の横暴ということで、あっというまに内閣批判の世論が高まり、二月五日には憲政擁護会が、九日には海軍廓清《かくせい》大演説会などが一万人の聴衆を集めて開催された。憲政擁護会は、長州閥に続いて薩摩閥を打破し海軍を廓清しなければならないと決議した。二月一〇日には衆議院で内閣弾劾決議案が出された。これは政友会が多数を占めていたため否決されたが、日比谷公園で開催された国民大会後にはふたたび民衆騒擾がおこった。第三次桂内閣が倒れてからちょうど一年後の同日であった。同志会は、もちろん弾劾案に賛成した。また民衆騒擾のさいの取り締まりに関して、警察官が民衆を切りつけたことに対して原敬内相弾劾決議案が出された（二六日、否決）。

予算案も衆議院を通過したが、問題は貴族院であった。海軍拡張予算は、第三次桂内閣が成立したさいに、斎藤海相が建艦予算の継続を約束させて就任したという経緯があり、山本内閣はそれを引き継いだ上で、さらなる補充費を計上した。それを貴族院が、三月一三日に七〇〇〇万円削減したのであった。貴族院の大幅な予算削減理由は、山本内閣のジーメンス事件に対する態度への不信任を示すものであった。貴族院が海軍拡張予算を削減したことにより予算は不成立となり、二三日の両院協議会が不調に終わると、三月二四日に内閣は総辞職した。その後、山本首相は事件当時の海相であった斎藤実とともに予備役に編入された。海外電報が日本の政局に作用するきっかけになったことは、通信機関の発達によるものだが、国際面への関心が高まっていたことを表わしていよう。

貴族院の政治化

それまで衆議院の動向が政府の運命を決定づけたことはたびたびあったが、山本内閣の倒壊は、はじめて貴族院が内閣の死命を制したものであった。ではなぜそんなことが起こったのだろうか。

明治憲法において、貴族院の権限は、今日衆議院が参議院に優越している（たとえば予算案は衆議院を通過すれば成立する）のとは違って、まったく同等の権能を与えられていた。すなわち予算案や法律案は、両院を通過しなければ成立しなかった。貴族院議員は、華族議員・勅撰議員・多額納税者互選議員などによって構成されており、藩閥政府との関係が強かったために、初期議会以来、問題となった

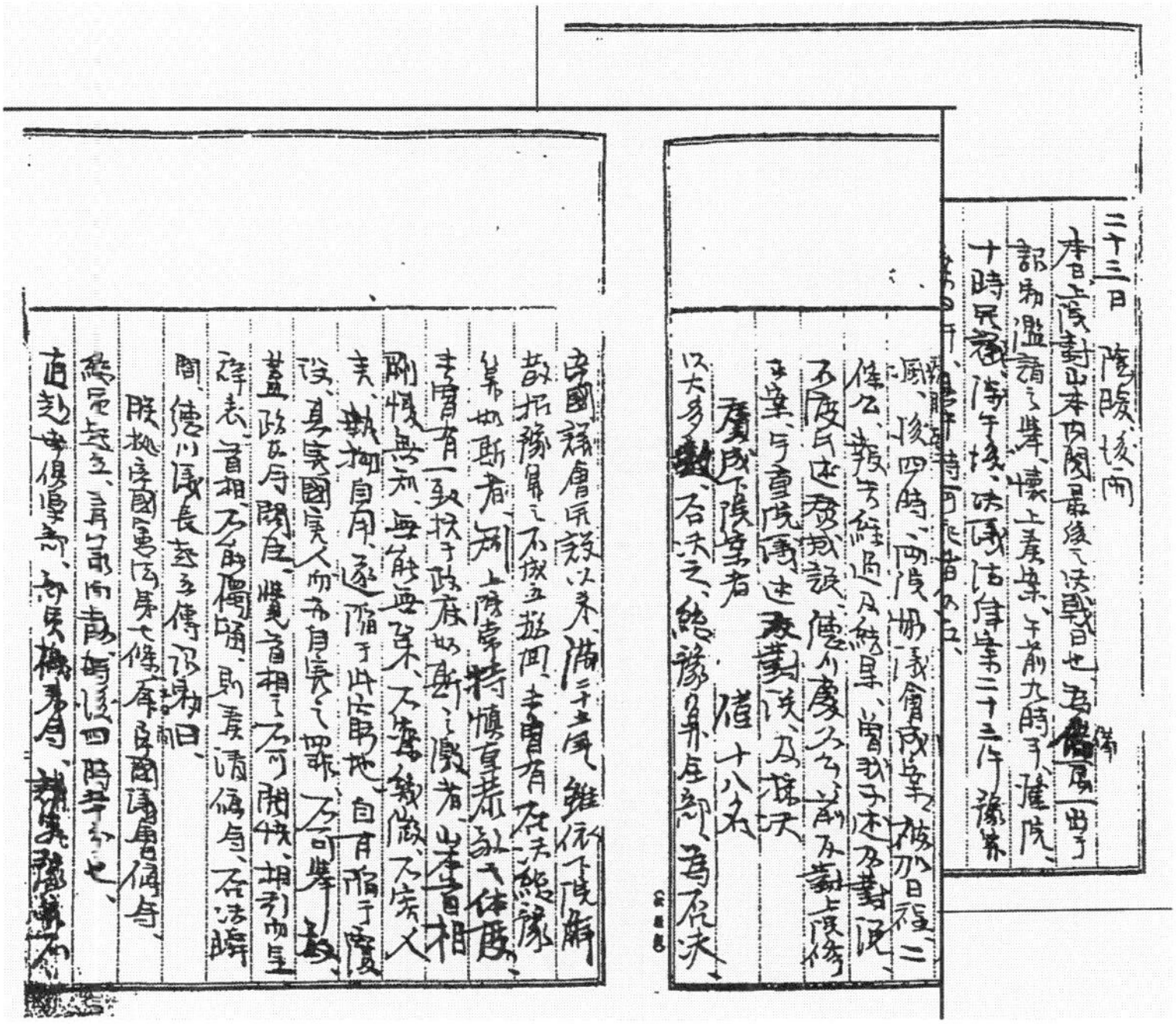

図８　『田健治郎日記』（1914 年 3 月 23 日．予算案不成立の日の日記）

のは衆議院と政府との関係であって、貴族院は非政党・是々非々《ぜぜひひ》主義のもと、いくつかの例外を除いては政府に敵対することはなかった。

ところが日露戦後になると、そのような情況は変化する。衆議院を基盤とする政友会の影響が強くなり、従来から貴族院で力を握ってきた研究会という会派（伯子爵《はくししゃく》互選議員団体）の切り崩し工作や、研究会に不満を持つ伯子男爵を支援する両院縦断工作が行われた。政党内閣を安定的に成立させるためには、両院における多数派を形成することが必要であったからである。しかしこれは成功せず、かえって官僚派の巻き返しを引き起こし、一九一〇年頃には、研究会と、勅撰議員が組織する茶話会・無所属派の提携による運営体制を確固たるものとした。これが貴族院の政治的自立化の始まりであった。それは従来のように山県有朋や桂太郎によって操縦されるというより、みずから主体的に、明確に政治勢力としての政党勢力に対抗するという自覚をもって、山県や桂、そして寺内を担いでいこうとする動きとなって表面化した。そして明治末からジーメンス事件をへて第二次憲政擁護運動で清浦内閣が退陣するまでの大正政治史において、貴族院は重要な役割を演じ、政局に影響をおよぼし続けることになった。

この時期の貴族院官僚派の中心が平田東助《ひらたとうすけ》や大浦兼武、そして田健治郎《でんけんじろう》らを中心として動いていた十金会と称するグループであった。十金会は、官僚派の幹部中の中枢者による秘密組織で、重大・枢機にわたる問題は、まずこの会の内決をへて他の政友におよぼす約束がなされていた。当初は桂を首領として担いでいたが、桂が内大臣に就任すると、首領を寺内に変えた。大正政変にあたって桂は自分の創設した新党に彼らの参加を期待したが、十金会は貴族院の本分（二院制の意義）を重視するとして不参加を決定した。山本内閣の崩壊の原因となった海軍予算案の削減を導いていったのも、この会であった。

元老会議と清浦流産内閣

二四日の山本内閣総辞職から次の内閣が成立するまでには、三週間以上の日数がかかった。二六日から開催された元老会議では、まず松方正義が後継首相に推された。元老の権威で政治危機を乗り切ろうとしたのであろう。しかし、政局打開の難しいことをわかっていた松方は、老齢を理由に断った。元老会議で候補にあがったのは、大隈重信、加藤高明、徳川家達《いえさと》、寺内正毅《まさたけ》、平田東助、清浦奎吾《けいご》、伊東巳代治《みよじ》などであったが、山本内閣倒閣の経緯を鑑《かんが》みて、貴族院に影響力のある人物が優先された。まず貴族院議長の徳川に大命が降ったが、徳川は即時辞退した。徳川は最後の将軍徳川慶喜《よしのぶ》より徳川家を継いだ人物であった。次に選ばれたのが枢密顧問官の清浦奎吾であった。清浦は熊本出身の官僚であり、かつて貴族院の研究会の最高実力者であった。清浦は、三一日に組閣命令を受けると、貴族院を中心とする内閣組織をめざした。しかし海軍大臣候補の加藤友三郎が海軍予算の復活を要求したため交渉は難航した。組閣に行き詰まった清浦は、結局四月七日に組閣の大命を拝辞し、首相選びはもとに戻ってしまった。大正政変後の藩閥批判・憲政擁護運動や陸海軍の対立が組閣を困難にしていたのである。

寺内や平田・伊東は、藩閥系・山県系人物であったために、憲政擁護運動の再発を招くとして除外され、新たに西園寺の名もあがったが、前年の違勅事件もあり引き受ける可能性は低かった。残る大隈と加藤の内、最後の手段として提示されたのが、民衆に人気があった大隈重信を起用することであった。これを進めたのが、元老の井上馨《かおる》であった。井上は大隈とは、明治維新後に同僚として一緒に活動したことがあったが、明治一四年政変後の井上は伊藤博文と行動を共にすることが多く、政治的にも政友会に近かった。そのため非政友系（改進党→進歩党→憲政本党）の党首的立場にあった大隈とは政敵の関係にあった。しかし井上は、この頃には「政友会の横暴」にも腹を立てており、それを矯正させるためにも大隈を活用しようと考えたのであった。元老たちの望みは、政友会打破、二個師団問題の解決、民衆運動沈静化、そしてそれらが相まって生じた不安定な政治を安定させることにあった。

大隈は元老の意を聞くと、自分ではなく加藤高明を推薦したが、元老は加藤では自分たちの意見が反映されないことを恐れ承知しなかった。そこで大隈は加藤の意見を問い、同志会の支持が得られることを確かめた上で受諾し、一三日に組閣の大命が降った。大隈は一八三八年生まれであるから七六歳と高齢であり、第一次大隈内閣から一六年も経っており、政界の実情には疎《うと》かったため、加藤が相談役となり組閣が進んだ。加藤は、大隈が一八八八年に第一次伊藤博文内閣の外相に就任したときに秘書官となり、ともに不平等条約改正交渉にあたったのが縁の始まりで、その後もずっと深い関係を持ち続けていた。大隈は加藤の外交と財政（大蔵省銀行局長・主税局長の経歴を持つ）の知識を評価しており、加藤に引き継ぐ計画で首相を引き受けたという見方もあった（『原日記』一九一四年四月一六日）。

第二次大隈内閣の成立

四月一六日に大隈内閣は成立した。外務大臣の加藤高明が副総理格、内務大臣は大隈が兼務、大蔵大臣若槻礼次郎、陸軍大臣岡市之助《いちのすけ》、海軍大臣八代六郎《やしろろくろう》、司法大臣尾崎行雄、文部大臣一木喜徳郎《いちききとくろう》、農商務大臣大浦兼武、逓信大臣武富時敏、書記官長江木翼《えぎたすく》であった。八代は海軍の傍系の軍人で舞鶴《まいづる》鎮守府司令長官を務めていた人物であったが、加藤の故郷名古屋時代からの友人であったために抜擢されたものであった。海軍省は軍制改正によって可能となった予備役将官の就任よりもましだとして、その就任を認めざるを得なかった。岡は山県を通じて陸軍の推薦であったため、長州閥の復活ととらえられた。政党員としては同志会から加藤・若槻・大浦・武富・江木の五名、中正会から尾崎であった。山本内閣倒閣にあたって協働した国民党の犬養毅も閣僚候補であったが、内閣の性格を長州閥の復活と捉え辞退したため、非政友二派の連立にとどまった。山本内閣に引き続いて政党員の多い内閣ではあったが、政党内閣を標榜しなかった。貴族院でも江木千之《かずゆき》を中心にして大隈擁立運動が広まった。一木の入閣は、貴族院の十金会メンバーを代表してのものであった。後に述べる大浦事件まで、十金会は内閣と貴族院官僚派との意志疎通機関としての役割を負った。いっぽう野党の位置に転落して政友会では、六月に原が第三代総裁となった。

ところで組閣にあたって、いくつかの問題が起こった。それは犬養の入閣問題のほかに、内相ポストや非政友諸派の合同問題で、同志会内に不満が噴出したことであった。内相問題とは、最初内相の椅子を予定されていた大浦の就任に、尾崎や大石正巳（同志会総務）が反対したため一時組閣不能に陥ったもので、大隈が内相を兼務する形で収拾された。非政友諸派の合同問題とは、大隈を応援する非政友諸派を合同させて、加藤を党首の位置から引きずり下ろそうとする動きであった。まだ同志会は発足したばかりであり、党内の結束に欠けていた。

大隈内閣の初政

大隈内閣の政策は、①諸政刷新（党弊打破、選挙界の郭清、官紀振粛）、②国防充実（国防会議、外交・財政との調和）、③民力休養（廃減税、非募債）であった（五月一五日地方長官会議）。これらは、ほぼ同志会の政策をついでいた。

①が元老の期待した政友会の勢力拡大を抑えるもので、政策発表に先だって地方官の大更迭が行われ、政友系の内務官僚が一掃された。また山本内閣時の官制改革によって設けられた勅任《ちょくにん》参事官を廃止し、自由任用の参政官・副参政官を設置し、多くの党員が就任した（一〇月、実施は翌年七月二日）。

図9　大隈内閣（「流石の大風呂敷でも」大隈内閣に対する諸方面の註文は頗る沢山で，あの大風呂敷でも包み切れない程だ，隈伯如何に力量が非凡でもさうは背負きれまいが〈北沢楽天〉『時事新報』1914年4月19日）

これは政務と事務を峻別するという意図にもとづくもので、イギリス流の議会政治をならったものであった。政友会が進めた官僚の政党化という方向では無く、政党人の行政的能力を高めていくという方向で、政党政治をめざすものであった（原内閣でふたたび勅任参事官は復活する）。

②については、大正政変以来問題化していた陸海軍の軍備拡張と財政との調和を図るために防務会議が設けられた（六月二三日）。第三次桂内閣で構想された国防会議が形を変えたものであった。国防から防務に名前が変わったのは、国防方針にまで議論がおよびかねないことを軍が恐れたからであった。首相を議長に、外務・大蔵・陸海軍大臣と参謀総長・軍令部長により構成される省を超えた首相直属機関であり、内閣の主導性を高めるという性格が内包されていた点では画期的なものであった。会議は陸海軍の軍拡案の説明と大蔵省からの反論と進んだところで、第一次世界大戦が勃発し日本が参戦したために中断された。一〇月に入って再開された会議では、陸軍二個師団増設と海軍八四艦隊構想を承認することになった。そのため軍拡を承認する会議となったが、形式的には内閣と陸海軍の対立を調整するという機能を果たした。もし大戦がなかったら、陸

海軍の主張を抑えこんだかもしれない。そして年末議会に軍拡予算案が提出されたのは、防務会議を受けてのものであった。

③の民力休養政策は、政友会が取ってきた積極主義政策を否定したもので、この後も長く憲政会(→民政党)へと引き継がれていくものである。日露戦後社会の疲弊が、やたらに各種事業を起こし、漫然と外債発行をし、物価騰貴と輸入超過を招き、かえって不況に陥った結果だとして、通貨収縮により物価を下げ、非募債主義を行うなどの緊縮政策を基調とするものであった。それを行うためには、まず廃減税を行うとして営業税全廃と地租五厘《ごりん》減を唱えていた。しかしこれは結局実現しなかった。これも第一次世界大戦が始まり、軍拡が容認されたことによる。国債についても、大正四年度予算から償還額が五〇〇〇万円から三〇〇〇万円に減額され、二〇〇〇万円が鉄道建設に向けられたような修正がなされ不十分な結果となった。

しかし大隈内閣に対して新聞界は好意的であった。内閣の成立にあたって、『万朝報《よろずちょうほう》』社主の黒岩周六《しゅうろく》をはじめとする全国新聞記者連合会代表者六二名は連署して、山本内閣の失政を訴える請願書を天皇に提出するなどキャンペーンを張り、大隈内閣への支持を表明した。大隈も五月一一日には代表的記者を招いて懇談するなどしている(『黒岩日記』)。黒岩は、五月から六月にかけての東京市会議員選挙での政友会系の会派である常磐会(常盤会)の批判キャンペーンを行い、常磐会を敗北させた。『万朝報』だけでなく、『やまと新聞』の松井広吉、『都新聞』の大谷誠夫、『報知新聞』の須崎芳三郎らは、早くから市政記者倶楽部を組織して「市民派」の立場から発言した。この選挙は翌年の総選挙での政友会の敗北の前触れとして大きな意味を持つものであった。黒岩は、その功が認められ、大正四年新聞界の発展に貢献したとして勲三等を受ける。しかしこれは日露戦争前後からの新聞記者による政府批判キャンペーンの閉幕を意味した。キャンペーンにより民衆を集めての「国民」大会・「市民」大会が開催され、民衆騒擾に発展するような状況が、新聞記者たちが内閣に取り込まれ御用記者化したことにより終わったのである。こうして元老たちのもくろみ通り、民衆に人気のあった第二次大隈内閣の成立は、憲政擁護運動を終わらせることに成功した。

二　第一次世界大戦の勃発と日本——大戦を利用して——

1——開戦と日本

欧州戦争の勃発

一九一四年六月二八日、ヨーロッパの片隅バルカン半島のボスニア・ヘルツェゴビナ（オーストリア領）のサラエボでオーストリア皇太子が暗殺された。セルビア民族主義者の犯行であった。七月二八日オーストリアはセルビアに宣戦布告した。これが第一次世界大戦の始まりである。オーストリアとドイツは同盟関係にあり、ロシアはセルビアを支持しており、ドイツは八月一日ロシアに、ついで三日にロシアの同盟国であったフランスに宣戦し、中立国であるベルギーに侵入した。これに対して四日にイギリスが対独参戦し、欧州内の全面戦争に発展した。

日本の参戦への歩みは、日英同盟関係を手がかりになされていく。八月三日に加藤外相がイギリスのグリーン駐日大使に全面的な援助の用意があることを示した。これに対して、翌日には英国から日本に援助要請の可能性があることが伝えられ、七日には中国沿岸における商船保護のための参戦要請がなされた。ただしこれは参戦に前向きな日本の軍事行動を海上に限定しようとする意図を込めた提案で、グレー外相は、日本の無制限な行動を許すことは、太平洋の自治領諸国の反対や、アメリカの対英世論を敵対的なものにするおそれがあったと後に説明している（『グレー回顧録』）。八日の閣議で、大隈内閣は参戦を決定した。日英同盟の対象はインド以東であり、日本に参戦義務はなかったため、情誼《じょうぎ》にもとづくものとされた。ただし開戦決定の会議には山県有朋や大山巌・松方正義らの元老も臨席しており、彼らは中国との関係を悪化させないよう慎重な態度で進むことや、これまでのドイツとの深い関係を考慮して、やむを得ない参戦であることを十分に了解させるよう主張した。その結果、即時開戦ではなく最後通牒を送る方式が選ばれ、元老もしぶしぶ参戦に同意した。これが元老と内閣との対立の開始だった。

戦域を限定しない日本の参戦方針に驚いたのはイギリスで、参戦要請をいったん取り下げた。しかし加藤外相は一〇日に、ドイツが中国から租借していた膠州湾《こうしゅうわん》を攻略後、最終的にはそれを中国に返還する方針であること、日本は単独でも参戦する意志のあることをイギリスに伝えた。イギリスは日本の参戦を阻止するのは不可能だとして一一日に参戦に同意し、イギリス軍が共同参加する形を取ることにした（天津《てんしん》の華北駐屯軍から部隊を送った）。一五日に日本はドイツに向けて艦隊の退去と無条件での租借《そしゃくち》地明け渡しを求める最後通牒を送り、回答がなかったため期限満了の二三日に宣戦布告を行った。この間、中国政府は、中立を宣言するとともに、戦闘区域から中国領域を除外させるよう列強、特にアメリカに頼ったが効果はなかった。こうして戦場はヨーロッパからアジア・太平洋地域にも拡大し、文字通り世界大戦となるとともに、第一次世界大戦がアジアにとっても重要な意味を持つものとなった。

陸軍の戦い

日本軍の戦闘経過を斎藤聖二『日独青島《チンタオ》戦争』により見る。日本軍の中国での行動は、九月二日の山東半島龍口《ロンコウ》からの上陸によって開始された。中国領土での戦闘は中国の中立を犯すことになるため、中国には、濰県《いけん》と諸城《しょじょう》県とを連接し南北の海岸に達する一線以東を戦闘地域とし中立除外地として認めさせた。陸軍で動員された主体となる歩兵部隊は、第一八師団（久留米駐屯、連隊は大村・佐賀・久留米）と後から加わった第一五師団第二九旅団（豊橋駐屯、連隊は静岡・浜松）であった。籠城戦に持ち込むことを選択したドイツ軍の抵抗は弱く、九月二八日には青島市街から数キロ地点にまで日英両軍は進んだ。そのさいに、陸軍の飛行機が九月二七日にドイツ軍艦への空襲を行った。これが日本にとって飛行機の初の実戦使用であった。この大戦は、世界的に最新の科学技術兵器を本格的に取り入れた戦争になり、戦車や潜水艦、毒ガスのような化学兵器が登場する。日本で航空大隊が設置され、陸軍航空学校が新設されるのは戦争後の一九一九年のことである。

日本軍は青島陥落を目標と定めただけでなく、ドイツ利権であった済南《ジーナン》から青島に延びる山東鉄道の占領をめざし、総攻撃に先立って一〇月一〇日にそれを軍事占領し鉄道守備隊を置いた。そのさいに問題となったのが、戦闘地域よりも西側の部分までをも占領したことであった。これは中国の反感を招き、列強に日本の領土的野心を疑わせるものとなった。

九月四日に追加動員された野戦重砲兵第二連隊（横須賀）で攻城砲の観測所などの設営にあたった斎藤第六分隊長は、当時の様子を日記に次のように記録している。「十月十一日　晴天　兵員皆快晴《みなかいせい》を天佑《てんゆう》なりと称す。昨夜は実に有効なる榴散弾《りゅうさんだん》を注がれた。頭上で曳火《えいか》して弾子破片の落ちて草木に当る音のすさまじさは云ふべくものもない。三米《メートル》も破裂点が近ければやられてしまつたろう。それも二三十回も来たのだつた。皆掩体《えんたい》〔敵弾から自分たちを守るための掩蔽物〕の影にかくれて居た。中には穴を掘つて中に頭を入れてるのもあつた。其他は常に頭上をヒュー〳〵音を立て、飛んだが平気なものだつた。〔中略〕朝迄夜を徹して榴弾及榴散弾を浴びせられる事、実に猛烈であつたが、能《よ》く眠る。〔中略〕今日幕舎《ばくしゃ》に返〔帰〕れる予定なるに、明後日迄滞在連続して作業をなすべき由なり。杜《と》に角《かく》戦争に来てる様《よう》な気がして来た。弾が来ないと演習に来てる様な気がする」「十月十二日〔中略〕此《この》山中の生活状態は地隙《ちげき》の中に露を防ぐテントも無く青天井の下にゴロ寝、ゴロ起、朝円匙《えんし》〔シャベル〕を担いで山を下り、夜になりて壕坻〔底〕に影を写しつゝ山に上りて休む様《さま》、山族〔賊〕に似て居る」。

約一ヵ月の準備の後、一〇月三一日から総攻撃が開始され、一一月七日午前九時二〇分ワルデック総督から降伏書が渡され、午後四時に神尾《かみお》光臣《みつおみ》中将との間で「青島開城規約」に調印、青島要塞戦は終結した。日露戦時の旅順要塞攻略時のような無理をせず、人員の消耗を抑えるため一週間以上を費やしてなされたのだった。前出の斎藤分隊長は「まぁ命だけは助かつたぞ、今年中に国へ帰れるか？夜八時隊長の訓話《くんわ》あり、一同陛下の万才と段列の万才を唱へで〔て〕、雑沓《ざっとう》して夫々《それぞれ》分隊に帰る、心地よし。強風、砂は飛ぶ、其中を弾丸補充をしたのであつた、中々楽では無かつたが、今日を見よ、静かな日本晴――飛行機の偵察も来なければ――青島は落ちて居る」と記した（図10）。

戦争に参加した陸軍兵力は非戦闘員を含めて五万一七〇〇人、そのうち一九二九人が死傷した（戦死者四〇八人）。要塞の攻撃占領をめざすという点で日露戦争時の旅順攻略戦と似ていたが、敵の数が少なかったこともあり、損害は小さかった。ただし戦費は八億八二五〇万円と、戦闘期間が二ヵ月間という短いことを考慮しても、意外に嵩《かさ》んでいる。日露戦争に比しても戦闘は高価なものとなっていた。ドイツ軍の戦死者は約二一〇人、負傷者約五五〇人、病死者約一五〇人と記録されている。いっぽう戦闘にともなう現地中国人住民の損害もあったことは忘れてはならない。

日本は一七日に元ドイツ総督府に青島守備軍（歩兵四個大隊を中心）を設置し、一九日に青島と李村に軍政を敷き、講和による処理が終わるまで日本軍の軍政署が青島を統治することになった。軍政署は行政だけでなく、中国内政上の問題にも深く関与したことを付記しておく。日本の山東半島占領地の処分問題は、対華二一ヵ条要求交渉やパリ講和会議で論議され、そ

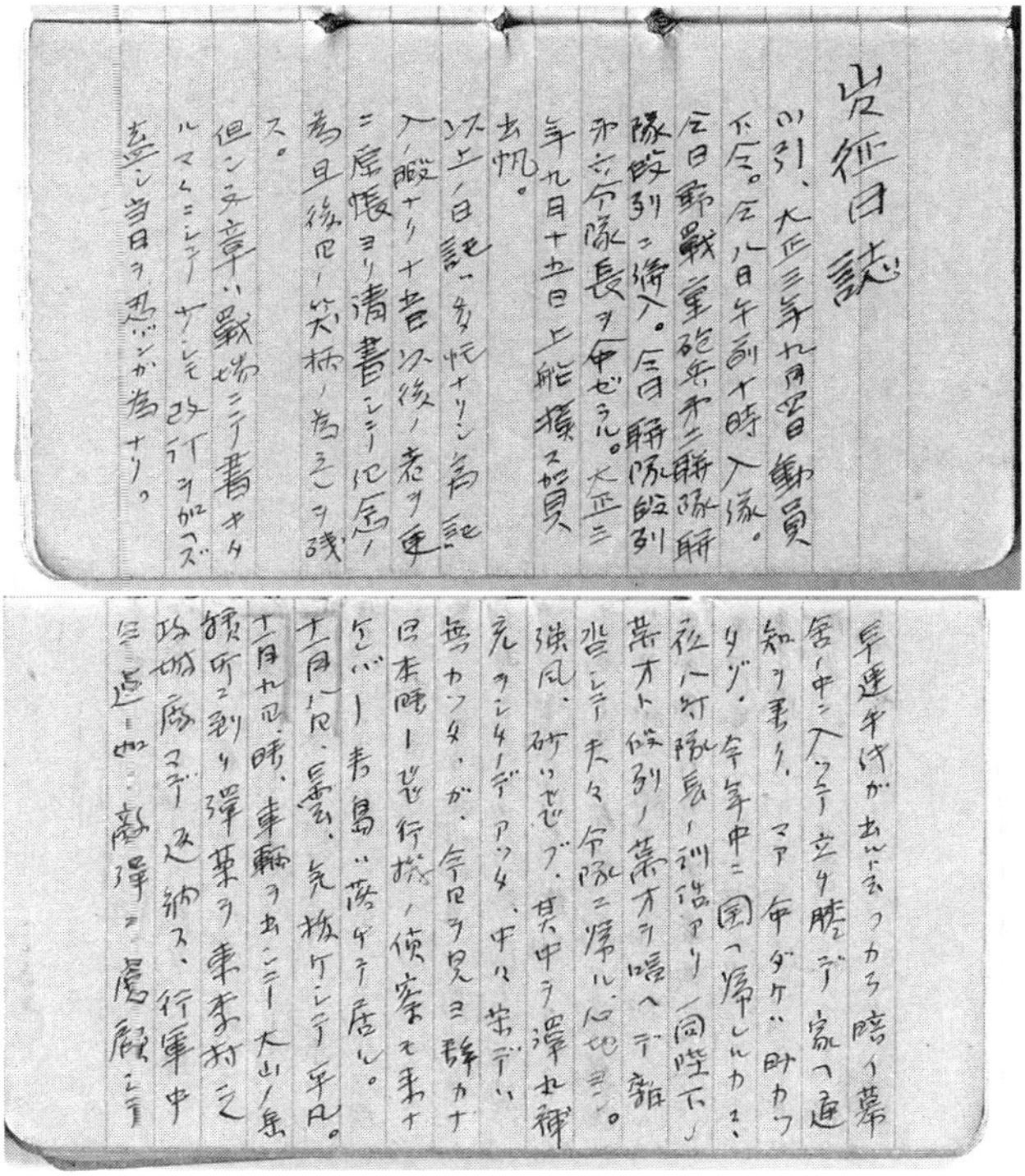

図10　斎藤分隊長の出征日誌

図11　板東俘虜収容所跡地

れを返還したのはワシントン会議後の一九二二年一二月のことである。

第一次世界大戦における陸軍の戦闘は、この青島戦に限られ、連合国から数度にわたってあったヨーロッパ戦線への派遣要請については、日本軍は日本のために戦うよう設計されているので遠方に出向く余裕はないという陸軍の意見を尊重して拒絶された。

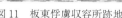

なお総計四六八九人のドイツ人・オーストリア人俘虜《ふりょ》は、日本に送られ、久留米をはじめとする一二ヵ所の俘虜収容所に収容された。その後収容所は、六ヵ所（久留米、似島《にのしま》、青野原、板東、名古屋、習志野）に統合され、講和後の一九二〇年まで長い人で五年半も抑留生活を送ることになった。その間に収容所によって待遇の差があったが、日独の文化交流のきっかけとなったことは、板東収容所をテーマとした映画「バルトの楽園」などで知られている（図11）。また解放後も日本にとどまった人々によって、ロースハムやバウムクーヘンなどの食文化が広まったことも有名であろう。これも国際化の一端である。

海軍の戦い

いっぽう海軍は、青島戦争にあたっては、輸送協力や膠州湾の海上封鎖を行った。海軍独自の行動としては、ドイツ東洋艦隊を殲滅《せんめつ》するために南方に派遣され、ドイツ領南洋諸島（ミクロネシアなど）の占領が行われた。当初は、太平洋に利権を有するアメリカや、日本の太平洋方面への進出を危惧するオーストラリアやニュージーランドを刺激することを懸念し、永久的占領は考えていなかった。しかし一〇月二日の閣議は一時的か永久的かを定めることなく占領を決定した。決定に先立って、すでに九月二九日には第一南遣支隊がヤップ島に上陸し、占領決定後の三日以降、ヤルート、クサエ、ポナペ、パラオ、トラックと続き、一〇月一四日のサイパンを最後に南洋諸島の占領は完成した。無血占領であった。南洋群島から離れたドイツ東洋艦隊が、太平洋上で英連邦軍を攻撃したことが、日本の行動を容認させることになった。南太平洋で神出鬼没の活動をするドイツ艦隊の行動が終わったのは、翌年三月である。

図 12　南洋庁

こうして日本はマリアナ群島（グアム島＝アメリカ領を除く）、マーシャル群島、カロリン群島、パラオ群島などを占領して、一二月二八日に臨時南洋群島防備隊を置き軍政を開始した。トラック島に司令部を置き、サイパン、パラオ、ポナペ、ヤルートの五軍政区が置かれた。そしてその統治は、戦争終了後は委任統治領として南洋庁に引き継がれていく（一九二二年、図12）。

海軍もヨーロッパ方面への出動を要請された。最初は陸軍と同様に断った。しかし一九一六年に入るとシンガポールを基地として第一特務艦隊の巡洋艦《じゅんようかん》・駆逐艦《くちくかん》合計八隻が、インド洋から東南アジア海域の警備にあたることになり、さらに一九一七年一月、イギリスは日本に連合国船舶の護衛を要請した。日本はこれに応えて、南洋群島領有承認を交換条件として巡洋艦一隻と駆逐艦一二隻で編成された第二特務艦隊を地中海に派遣した。日本艦隊は、マルタを基地に四月中旬から一年九ヵ月にわたって活動した。ちょうど二月から、ドイツが無制限潜水艦作戦を発動したため、日本海軍の参加は連合国にとっては貴重な戦力となった。

たとえば駆逐艦の松で出征した片岡覚太郎（のち海軍主計中将、海軍経理学校長）は、一九一八年二月から一ヵ月間の行動を、次のように記している。「二十一日に英国軍艦リクニスと三隻で、英国運送艦キングストニア、カンディおよび仏国運送船チリの三隻を護送してアレキサンドリアに行く。着いた日に直《す》ぐ出てポートサイドに回航、重油を積んで翌日出港、伊国運送船コルドバをメシナの沖迄《まで》護送し、三月四日早朝タラントに着き、燃料を補充して、また翌五日には英軍艦スネエフエル、運送船インダラをアレキサンドリアに護送する。八日にアレキサンドリアに着き、中一日休んでマルタに帰る。マルタで、また中一日休んで十六日にタラントに回航し、十七日には英国運送船カンバラを護送して、ポートサイドに行き、ここから栴檀《せんだん》を加えて三隻で、仏国運送船ワリム、オセアニアンを護送して、再びアレキサンドリアにかえり、更に英国運送船オルナを加えてマルタ迄護送する」（『日本海軍地中海遠征記』）。

この参戦で、日本艦隊は、駆逐艦樺《かば》や榊《さかき》が雷撃され、榊は五九名の戦死者と二二名の負傷者を出した。マルタ島には、その他の戦没者を含めた慰霊碑（第二次世界大戦後再建されたもの）が残されている。伊集院彦吉《いじゅういんひこきち》イタリア大使は、講和会議で五大国の一つとして重んじられたのは、この地中海派遣艦隊の見える活躍にあったという評価を与えている。

このほか戦闘ではないが、海軍はロシアからイギリスへの金塊約六億円（五〇〇トン）輸送の特殊任務にあたるなどの協力を行っている（『海軍の外交官竹下勇日記』）。

元老と内閣

日本の第一次世界大戦への参戦決定は、敏速なものであった。日本を当事者とし緊張関係の末に開戦に至った日清・日露戦争とは異なり、欧州戦争はとつぜん外側から降って来たものであり、日本にとってまたとないチャンスを与えるように見えたのであろう。加藤外相は、以前から何らかの機会を捉えて南満洲における日本権益延長交渉の手がかりとしたいという思惑を持っており、イギリスの勝利を疑わず、青島に駐屯するドイツ軍の存在を邪魔に思っており、ドイツの力を中国から除くことができれば、日本の発展に資するものと考えていた（「欧州戦乱と世界に於ける帝国の地位」）。大隈首相も山東鉄道（膠済《こうさい》鉄道）利権に注目していた。後述する対華二一ヵ条要求交渉の強引性も、大戦が終わる前に懸案を決着させておこうという焦りによるものであったろう。一九一四・五年の時点で、あのように戦争が果てしなく続いていくとは誰も予想していなかった。

さらにこの時期の外交が積極的なものとなった背景には、陸海軍ともに人事の若返りがなされ、陸軍の田中義一や福田雅太郎、海軍の秋山真之《さねゆき》、そして外務省の小池張造《ちょうぞう》らの少壮者が実権を握って、積極的な大陸政策を指向していたことが影響していた。参戦の決定も大隈内閣や加藤の個人的プレーではなく、外務・陸海軍の当局者レベルでの開戦積極論を踏まえたものであった。そしてこのグループは、対華二一ヵ条要求の作成にかかわり、さらに排袁政策（後述）を指導していくことになった。

いっぽうこのような積極的な開戦外交は、戦争の勝敗を五分五分あるいはドイツの勝利と見ていた山県ら元老たちから強い批判を浴びた。特に加藤がことさら悪く言われたのは、加藤が実質的に内閣の中枢を担い矢面に立たざるを得なかったことや、外交機密の漏洩を恐れて元老に対して機密文書の回覧を止め、またこれは昔からであったが元老の御機嫌を取ることをしなかったことにもよろう。

元老の山県有朋や井上馨が、欧州戦争の勃発にとまどっていたと言っているのではない。井上は、「今回欧州の大禍《だいか》乱《らん》は、日本国運の発展に対する大正新時代の天祐〔天佑〕にして日本国は直に挙国一致の団結を以て、此天祐を享受せざるべからず」と述べて、これが日本にとってまたとないチャンスだと述べていた。そのチャンスとは具体的に、国内的には諸政治勢力が廃減税で争うことをやめて財政を強固にすることや、英仏露と一致団結して「東洋に対する日本の利権を確立」すること、さらに中国の「統一者を懐柔」することができる機会であるということであった（『世外井上公伝』）。日本が孤立せず、また世界が日本を無視できないような地位を築くことができる、またとない機会だと観察したのである。また山県有朋は八月二〇日頃に政府に提出した意見書（「対支那政策意見書」）において、ヨーロッパ列強諸国が戦争に没頭している間に日本の対中国政策を確立しなければならないと説いた。山県は、辛亥革命後の日本の対中政策がしっかりしていなかったために、革命派からも袁世凱からも信頼を失ってしまったことを批判し、日本が中国に影響力を拡大するためには、力によらずに信頼関係を築くことがまず重要であり、今こそ袁政権に財政上の援助を与えて日本に信頼させるよう仕向けねばならないと伝えた。

図13　袁世凱

ちょうどその頃にフランスから申し入れのあった日英同盟への参加や、日英露仏の四国同盟論を進めることや、特使（後藤新平を想定していたと思われる）を中国に派遣して袁を「我ポケットに入」れることが元老らの主張であり、九月二四日に、山県・井上・大山・松方の四元老は大隈首相と会見して、上記のことを申し入れた。だが加藤外相は、「日英同盟の効力を薄弱ならしむ」（九月一五日付井上勝之助宛電報）として反対した。加藤は連合国側の勝利と、日英同盟があれば孤立することはないと確信しており（「加藤総理閣下演説」）、中国問題についてもイギリスと共同して対応することが重要であると考えていたから、特使派遣策も採用しなかった。さらにはアジア主義者の説くような単独で中国と独自の関係を築いていくような日中提携論は、列強の猜疑を招くという観点から反対した。これに対して山県は、ドイツの敗北を予想せず、全面対決を避けようとした。山県は加藤を「丸で英人なりと罵倒」している（『原日記』一九一四年八月一二日）。

元老たちも、チャンスと考えたからこそ、列強と中国、さらにはドイツとの関係をあまり損なうことなく、アジアへの日本の影響力を高めていくことを主張した。日本がアジアへ向けて発展していこうという国際化と、欧米社会の中での国際化を、うまく調和して行えということであった。そしてこれは政策立案の実権を握った少壮グループのアジアへの発展を優先する国際化や欧米社会を向いていた加藤のやり方とも異なっていた。

2―対華二一ヵ条要求と衆議院総選挙

対華二一ヵ条要求の提出

一九一五年一月一八日に日本は対華二一ヵ条要求を袁政権に突きつけた。内容は五号に分かれ、第一号は山東半島旧ドイツ権益処分の件、第二号は遼東半島租借権や南満洲鉄道経営権延長の件、第三号は漢冶萍公司《かんやひょうコンス》合弁の件、第四号は中国沿岸の港湾・島嶼不割譲の件、第五号は希望条項として日本人の政治・財政・軍事顧問の雇傭《こよう》や、警察の日中合同化、兵器の共通化、武昌と九江南昌線を連絡する鉄道敷設権、福建省の鉄道・鉱山・港湾設備に外資導入のさいにおける日本との事前相談、日本人の布教権など様々な要求が含まれていた。

交渉は難航し、大隈内閣は五月七日に第五号を削除して最後通牒を発し、開戦準備を整えて受諾をせまった。その期限の五月九日、中国政府は受諾した。この強引な交渉は、特に第五号の存在が一時秘匿《ひとく》され、中国側のリークにより列強諸国に知らされたこともあり、英米の反発を引き起こした。アメリカからは門戸開放主義に反するので承認しないとして反発を受け、これが中国をめぐる日米対立を促進させることになった。いっぽう中国側も、中国を植民地化するようなものだとして、激しい反日運動や日本商品ボイコットを起こし、これが日中関係悪化の転機の象徴となった。中国ではナショナリズム意識が高まりつつあり、その後もしばしば発生する反日運動のさきがけとなった。

対華二一ヵ条要求の中心は、第一号と第二号であった。第一号は、山東半島占領地処分について、将来ドイツと日本が結ぶ講和条約によって決定されることを中国政府が承諾すること、山東省主要都市の開放、膠済鉄道に連接する鉄道の敷設権譲渡などにあった。具体的には、日本は膠州湾租借地を中国に返還する代償として、青島に専管居留地を設定することをもくろんでいた。

第二号は、日露戦後にロシアから引きついだ遼東半島租借権と南満洲鉄道経営権（安奉《あんぽう》線を含む）の九九年間への延長、南満洲における居住・往来・営業と土地商租権および治外法権、東部内蒙古の都市の開放と農工業経営、南満洲における外国人顧問の日本人優先傭聘《ようへい》権などの南満洲・東部内蒙古における権益拡大を定めたものである。これを認めさせることにより、日本の南満洲影響力は拡大し日本の勢力圏化が進むことになった。勢力圏は植民地や領土を意味するものではなかったが、日本人の多くが満蒙を我がもののように考える傾向がしだいに強くなっていった。その心底には、満洲を日露戦争における日本人の犠牲の代償とみなす感情があった。

図 14　忠魂碑（千葉県東葛飾郡川間村，福島安正の名前がある．1915 年 10 月建立）

明治の終わり頃から大正前半にかけて、日本全国津々浦々の町村に忠魂碑が建てられていく。それは日露戦争における犠牲者が日清戦争に比較して多数であったこともあり、個人碑としてではなく、町村や大字を単位として建てられた。そしてそれは日本人全体の戦争に対する記憶を形成・固定化させていく機能を果たした。

加藤高明の考え

交渉責任者の加藤は、どうしてこのような交渉を行ったのであろうか。列強のアジア政策の空白のスキをついた強硬外交だったとか、多くの要求は他から押しつけられたもので加藤の本心ではなかったとか、第五号を希望条項として別立てとしたのは譲歩のために設けられた条項であったとか、さまざまなことが言われている。たしかに要求が二一ヵ条にも膨れたのは、各方面の要求を総花的にまとめた側面がある。開戦直後に参謀本部の福田雅太郎と軍令部の秋山真之が小池張造に届けたものが一つの起源であったし、個々の要求、たとえば満洲における土地商租権（土地を借りて商売を行う権利）は、辛亥革命直後から参謀本部第二部長の宇都宮太郎も要求していた。第三号の漢冶萍公司は、鉄自給の観点から海軍にとって重要であり、辛亥革命時には艦隊を送って兵員を上陸させて占領したことがあった。

加藤外相は、第三次桂内閣の時から満洲問題の解決＝満蒙権益の延長を、機を見て実現することを課題としていた。この時がその機会だと加藤が考えたことは、膠州湾を「結局は返すも之を色々の道ぐに使ひたし」（「井上・加藤外相会見記」『第二次大隈内閣関係史料』九月二七日）という発言や、山県に膠州湾専管居留地の設定と、「南清」不割譲宣言、満洲租借期限の延長が希望であると語ったことによりわかる（『原日記』一一月二九日）。ただしこの考え方は加藤に限ったものではなく、大島健一陸軍次官も、そのような意見書を提出していた。アメリカへの配慮がなかったわけでもなく、加藤は開戦にあたって領土的拡張をめざしていないことを伝えていた。加藤は、イギリスの帝国主義外交を学び実践してきた人物であり、イギリスが通商的な利害を第一としたように、加藤も中国に対しては領土的なものよりも経済的利益を重視していた。たぶん戦時という環境がなければ、要求事項はかなり限定されただろうし、強硬な交渉姿勢は取れなかったと思われる。最新の研究（斎藤二〇一六）では、要求内容が外側からの圧力によって徐々にふくらんだのではなく、かなり早い段階（九月中旬）から、要求は網羅的なものであったこと、それが予想以上の青島戦争の展開により外務省を強気にし、第五号を含む一括交渉としたとしている。ただしイギリス帝国主義外交の申し子であった加藤にとっては、要求すること自体は疑うべきものではなかったろう。しかしそれは第一次世界大戦前後の外交思想変化の結果、すぐに時代遅れのものとして批判されることになる運命を持ったものであった。

二一ヵ条要求交渉が難航し日中関係をギクシャクさせたことは、日本国内でも大きな批判を生んだ。その一つは民間の対外硬論者およびアジア主義者たちによるものであり、もう一つは元老たちによるものであった。対外硬論者は、もともと加藤を英米に追随する軟弱外交論者と見なしていた。一九一四年一二月四日に結成された国民外交同盟会の有志が、年末に加藤を訪問して「自主的外交」「挙国一致」「対支問題の根本的解決」などを要求した。そのさいの加藤の答えは、日本としては国力に相当する範囲で、国家の地歩を安全にすることを基礎とし、その「余力を以て始めて外に展《の》ぶる事」とし、貿易伸張こそ主眼としなければならないという貿易立国論にもとづく回答だった（「外相加藤男の対支方針」）。また世界大戦下という日本にとって絶好の機会を捉えて、日本は中国を指導しなければならないという意見に対して、立派な独立国に対して日本が指導するということはしないと述べていることから、中国内政への関与についても否定的であった（「現内閣の外交方針」）。加藤は、対外硬論者の主張を否定しているのであり、イギリスとの了解、あるいはアメリカに異論を唱えさせないギリギリの範囲で、対中政策の展開を考えていたと見るのが適切であろう。

いっぽう山県や井上は、先に述べたように大戦を日中関係緊密化のためのまたとないチャンスと考えていたので、要求を「つきつけるような方法」には反対したと言えよう。内容については、たとえば山県は「第五項は親善なれば要求せずとも出来得べき箇条のみなり」（『原日記』一九一五年七月八日）と述べているように反対してはいない。もっと袁を助けるような姿勢を見せて信頼関係を築いて巧妙に行えというものであったから、これを進めた場合は袁支援の内政干渉的な要素が強くなったであろう。九月二四日には四元老が相談し、加藤外相の更迭を大隈に要求した。大隈は、加藤を更迭すると内閣は瓦解するとして拒否した。この時点での無理やりの内閣交代は、憲政擁護運動の再発を招く恐れがあると判断した元老は、いったんその試みを断念した。

この時の加藤外交は、侵略主義の典型のように言われ、また事実そうなのだが、連帯という名目で内政干渉をも辞さない立場で中国と深くかかわりを持った人々の方が、侵略的であったとは言えないだろうか。加藤は帝国主義時代の外交家として、欧米の動向を主に見て外交を行うという点では、日本外交の正統であった。したがって欧米勢力が強く出られない国際環境だと判断すれば、二一ヵ条要求のような強硬な対中要求もするし、欧米勢力が強いと判断すれば、後に述べる加藤内閣時の幣原外交（本書一九四頁）のような協調外交も展開できたのであろう。

中国との交渉は、ちょうど衆議院議員総選挙が行われていた時期にあたっていた。そのため大隈内閣が総選挙を意識して交渉を進めたというような原敬のような見方もあった。この総選挙は、前年暮れの第三五帝国議会に、防務会議の結果を受けて提出された二個師団増設案が政友会の反対によって成立しなかった結果、一二月二五日に衆議院が解散されたことによるものであった。同法案の審議過程で政友会の切り崩し工作が大浦の手によって行われたことは後に問題化する。総選挙は、解散から許される最大限の期限である三月二五日に設定された。選挙は、与党の同志会一五三、中正会三三、大隈伯後援会一二、野党の政友会一〇八、国民党二七、無所属四八という結果となり、与党三派の圧勝であった。三つ目の与党である大隈伯後援会は、この時に新たに組織されたものであった。

議会解散と総選挙

選挙にあたっては、各地の事情に通じている大浦が内相に転じて対策にあたった（後任の農商務大臣は河野広中）。この時の選挙は、日本の選挙運動史上、一つの画期をなすものであった。選挙における政党間対立が激化し、大隈首相が率先して選挙遊説を行い、車窓演説やレコードの配布などメディアもこぞって取りあげる「大隈ブーム」が起こり、それが選挙結果を左右したと言われる。政党が候補者に公認料五〇〇〇円を配布するということも始まった。大隈のメディア戦略のなせる技であった。宣伝の時代の到来であった。

ただしこのような傾向に、例えば東京においては、前年の市議選の時にも表われていた。辰巳老人という人物は深川区政界の変遷について、一九一四年の市議選から政治状況の変化が生じ、一九一六年に深川公民会という団体が生まれた、これが中央政界では憲政会色を有していたため、対抗して政友会系の人々は深川区民会を成立させたと回顧している（『桜東新聞』一九三四年七月一五日）。

五月に開催された第三六帝国議会において懸案の二個師団増設が認められた。新たに設置される第一九師団（師団司令部は朝鮮羅南）は一九一六年から一九一九年にかけて、第二〇師団（師団司令部は朝鮮竜山）は一九一九年から一九二一年にかけて編成される。ともに朝鮮軍に所属し、朝鮮軍司令官に隷属する点で内地師団とは異なる性格を有していた。

原政友会の変化

さて総選挙での大敗北は、政友会に衝撃を与えた。大隈内閣成立後野党の位置に転落した政友会では、六月に原敬が第三代総裁となっていたが、この頃から、原敬と山県有朋との距離が接近し始めている。原はそれまでも常に山県の考えや動きについて注意を払っていたが、特に野党に転落し総選挙に敗北してからは、元老らの大隈内閣に対する態度を探ろうとする意図のほか、自分の考えを伝え、できれば元老の内閣批判を煽り、政友会に有利な政治環境を作り出そうという意図のもとに行動する。

原は、桂園時代にも藩閥・官僚勢力とわたりあったが、それは桂を主な相手としてであって、山県の操縦は桂に任せて、自らは桂との攻防によって、一歩ずつ政党の力を官僚・藩閥勢力に認めさせてきた。これによって政党の力は確実に大きくなっていった。したがって桂が第三次桂内閣の時に、政友会と山県との間に入ることを拒否して自立した時に、原が、憲政擁護運動に加わって桂の行く手を遮ったのは当然であった。山本内閣は、桂園体制方式への復帰であり、それまでと同様に第一党としての力を利用して政党の育成を図ったのであった。一九一六年一一月一一日に原と面会した山県は、原の「論旨と一致せざるものなし」と語り、ただしそれに続いて「只一事意見を異にするものあり。夫《そ》れは議員の多数を得ると云ふ事なり」と政党政治についての考えの異なることは表明しているが、両者の隔たりは確実に縮小していった。

同志会を与党とする大隈内閣の成立は、それまでの政友会の政治戦略が否定されたものであり、特に総選挙によって多数を失ったことは決定的であった。政友会が野党の位置に立ったことにより、原は政権奪取をめざして動きはじめたのであり、その一つとして山県への働きかけを行ったということである。これは当時の権力状況において、きわめて現実政治家らしい選択であった。

図15　原　敬

大浦事件

政友会の反撃の第二は、総選挙における大隈内閣の選挙干渉を訴えることであり、これが大浦《おおうら》事件に発展していく。

三月二五日に行われた総選挙後、選挙干渉があったとして選挙無効の訴えがなされるなどの混乱が生じた。五月一七日からの第三六議会には、選挙干渉に関する内閣不信任決議案が提出された（否決）。現に、同志会の横山章と改友会の中橋徳五郎が戦った石川県金沢市選挙区では、官吏による投票誘導や買収などが行われ、敗北した政友会から選挙違反の訴えがなされ、大審院は選挙を無効とし翌年に再選挙が行われ、中橋徳五郎が当選した。戸別訪問が許されていた当時にあって買収は珍しくなかったが、違反件数においてこの選挙は戦前の一つのピークをなしている（季武二〇〇七）。

大浦事件の発端は、前年の議会で大浦が政友会議員を買収したことにあった。これが発覚したのは、総選挙にさいして買収された議員が、対立候補の立候補を断念させようとして大浦に金銭を渡したことによってであった。大浦は選挙違反・収賄罪で告発された。告発者は、政友会の幹部村野常右衛門《むらのつねえもん》であった。数人の代議士と衆議院書記官長が逮捕される大事件に発展した。大浦は七月二九日に政界引退を表明し、大隈内閣は三〇日に総辞職を申し出た。元老会議は大隈の留任を決定したので、八月一〇日に大隈改造内閣が発足した。元老は、まだ大隈の人気が高かった状況から、他の候補者を立てることは反発を招くとして、もうしばらくやらせてみることにしたのだった。

大隈内閣改造の影響は小さいものではなかった。大浦に代わって内務大臣に一木喜徳郎が文部大臣から移り、石井菊次郎《きくじろう》が加藤に代わって外相となり（一〇月一三日の着任までは大隈首相が兼務）、大蔵大臣が若槻礼次郎から箕浦勝人（前逓相）に、また海軍大臣が八代から加藤友三郎に、文部大臣には高田早苗《さなえ》、逓信大臣には箕浦勝人が就任した。元老から忌避されていた加藤が代わったのは、元老の要求を容《い》れたからでは無く、この時に加藤が連帯責任論の観点から総辞職を唱え、改造内閣への留任を拒んだからであった。加藤は、内閣の力が弱くなっていくことを見越して、それに最後までつき合わず、将来の加藤政権を狙うための布石と考えたからだと思われる（八月三日付井上馨宛望月小太郎書簡）。

また前年一〇月に設置（任命は七月）された参政官も、外務省が安達謙蔵から柴四朗《しばしろう》へ、内務省が下《しも》岡忠治《おかちゅうじ》から藤沢幾之輔《いくのすけ》へ、大蔵省が浜口雄幸《おさち》から加藤政之助《まさのすけ》へ、文部省が桑田熊蔵《くまぞう》から大津淳一郎《じゅんいちろう》へ、逓信省が藤沢幾之輔から木下謙次郎へと、官僚出身者から古くからの政党人に代わった。以上により内閣の主導権が加藤から、大浦の逮捕を容認した尾崎司法大臣と旧国民党出身者の同志会党人派および大隈側近（高田早苗は早稲田大学総長であった）に移ることになった。そしてこれは単なる権力関係だけではなく政策領域にも影響をおよぼすことになる。

3―大隈改造内閣期における外交と内政

反袁政策

もっとも影響が現れたのが外交政策の面であった。まず反袁政策（排袁政策）・南方援助政策が、日本独自の政策として露骨に展開されることになった。それまで加藤は、中国の革命派（南方派）を支援して来た人たちの不満を買いながらも、日本が突出して中国の内政に干渉するような動きを抑えていたが、加藤が退いたことにより、それを抑えることが困難になった結果だった。加藤に代わった石井菊次郎の考えは加藤に近かったが、加藤のような政治的基盤はなく、参謀本部の強硬論を抑えられなかった。また内閣の中心となった尾崎行雄は、「広き世にわが好《す》かぬ男二人あり大和の桂、唐山《とうざん》の袁」というような狂歌を残しており、憲政擁護運動のさいに攻撃した桂太郎と並べて、袁世凱を保守的な人物として嫌っていた。現在の尾崎のイメージは国際平和主義者であるけれども、実際には、民主主義を重んずるばかりに、反共和主義を取る袁政権の内政に口出しすることも辞さなかった。

この頃問題になったのが袁世凱の帝制運動であった。一九一三年七月の第二革命を抑え、一〇月に正式に大総統に就任した袁の力は強まっていた。一九一四年一月には衆参両院議員の職務を停止し国会解散を命じ、ついで二月には各省議会の解散を命令して、五月には辛亥革命時に定められた中華民国臨時約法（憲法にあたるもの）を廃止、代わって大総統権力の強い約法を公布した。参政院は復活したが、専制体制が築かれていった。第一次世界大戦の開戦と日本による対華二一ヵ条要求という困難さえも、日本への対抗や危機感を煽るために利用して、国内の支持を調達し結束を図った（楊二〇一五）。そして一九一五年夏頃からは、中国を帝制（立憲君主制）に戻そうとする段階に至ったのである。

この動きに対して大隈内閣は、一〇月一四日に帝制延期勧告を行うことを決定した。帝制の強行は中国国内の混乱を引き起こすとして、列強諸国に同調を働きかけた上で、イギリス・ロシア政府と共同（アメリカは拒絶）して、一〇月二八日に勧告を通知した。袁政権は年内の実施を見送ることを表明したが、動きは進められた。一二月一一日に参政院は君主立憲制を決定し袁を中華帝国皇帝に推戴し、翌日袁は即位を承諾した（一九一六年を洪憲元年とした）。

第三革命

いっぽう袁の皇帝推戴は、中国雲南における第三革命を誘発することとなった。一二月二五日、唐継堯《とうけいぎょう》・李烈鈞《りれつきん》らは護国軍を組織して挙兵し、帝制反対を宣言した。日本に亡命中であった孫文も討袁宣言を発した。護国軍は初めは苦戦していたが、やがて日本が排袁・倒袁政策を露わにすることにより勢いを増していくことになった。二月初めに予定されていた袁の即位は中止され、二三日袁は帝制の実施延期を発布し、三月二二日には帝制取り消しの宣言が出され、四月になると内閣制が復活した。このように日本は中国内政に深く干渉し袁の没落を図っていった。

陸軍参謀本部と海軍軍令部は相談の上、一月一五日に外交政策をまとめ内閣に提出、これを受けて一九日に閣議は、南方での動乱に注意を払い帝制承認を差し控えることを決定した。さらに二月下旬になると、陸海軍はもっと露骨に革命軍の支援を決定し、青島守備軍や漢口の中支那派遣隊が謀略の策源地となり工作を進めた。また同志会の党人派も、袁に対して厳しい態度を取ることを要求した。これを受けて大隈内閣は、三月七日に、内政干渉を許容する閣議決定を行った。これはかつてない露骨なものだった。袁が権力の座にあることは、日本が中国において優越的勢力を確立し日中親善の基礎を作る上で障害になるから、袁が「権力圏内より脱退するに至るを便とす」るというものであった。そしてそれを期すために中国国内情勢を導き、それに日本が乗じるのが得策であるとした。日本政府が正面から帝制中止や退位を要求することは、袁がそれを利用して内政干渉であると訴え、列国の賛同を得られないおそれがあるので、日本政府は南軍（革命軍）を交戦団体として承認し、日本の民間有志が袁の排斥を目的とする中国人の活動に同情を寄せて金品を融通しようとする行動を黙認して、実質的に支援するというものであった。

この決定は、民間人の工作を許すというものだが、実際には参謀本部（田中義一が次長）みずから、南方革命派の支援、孫文らの山東での蜂起への参与、宗社党（清王朝の復活を図る勢力）への工作（満蒙挙事と呼ばれるもの）などにかかわった。山東では、三月から孫文の指示により居正が蜂起し、政府軍と攻防を繰り広げていた。これを山東に駐屯していた日本の守備軍が陰で支援したのである。満蒙挙事というのは、大陸浪人川島浪速《かわしまなにわ》による粛親王善耆（グンサンノルブ）を擁立して満蒙の独立を図る動きで、辛亥革命時にも一度策動されたものであり、この時にはバボージャブ（巴布扎布）を利用して行われた。

第三革命は全国に波及し、雲南、貴州、広西、広東、浙江、江蘇などが独立した。ところが六月六日に袁世凱が急死し、後任に黎元洪《れいげんこう》が大総統に就任すると、参謀本部は一切の反袁工作を中止し、段祺瑞政権を擁護することにより影響力を図る方向に転換していく。

アジアへのコミットメントの高まり

反袁政策の展開は、日本が主導して中国情勢の展開に積極的にコミットメントしていこうという辛亥革命後に出現した動きが顕著に表われたものであった。そしてそのような動きが、軍だけでなく外務省内でも大きくなったことは、第一次世界大戦という国際環境が影響していた。日本の対中国政策は、第一次世界大戦の勃発によって、一時的に積極化すると同時に独自性を高めた。特に列強との関係よりも中国との関わり方が重要性を持つようになる中で、日本政府や民間人たちは、その時々の中国の政情に応じて、中国に対して「強圧的」あるいは「親善的」な、列強に対しては「自立的」な対応を示しながら影響力を確保しようとするようになった。これは日露戦後の日本外交の基本的方針であった英露両国との協調を根幹にしながら中国への影響力を漸進的に拡大する方向とは、ずいぶん異なるものであった。アジアに向けての国際化を模索するようになったことの反映であった。なお親善的な、別言すれば「親切」な態度は、相手側から「おせっかい」と受けとめられる可能性もあり、この二つを区別することはかなり難しい。国際的関与は必然的に、同時にこの二つの反応を生み出すものである。

そしてこのような政策の多様化は、さらに国際協調を重視するのか、それとも自立的外交により重点を置くのかという、列強に対する政策や態度にも影響をおよぼすことになった。その中で、特に自主外交やアジア・モンロー主義のような主張が登場してきたことは重要である。アジアモンロー主義というのは、アメリカのモンロー主義が、アメリカ南北大陸のことに関してはアメリカが主導し他大陸勢力の介入を拒むものであるように、アジアにおける日本の位置をアメリカと同様に置こうとするものであった。そしてこれらの外交政策の違いが、さらに日本の政局に跳ね返り、内閣交代の一因となっていくことになる。

ロンドン宣言加入と日露同盟

外交政策のもう一つの面においても変化が起こっていた。それは列強諸国との関係において、一九一五年一〇月一九日にロンドン宣言への加入がなされ、一九一六年七月三日に第四次日露協約が締結されたことである。かつて開戦時に元老たちが要求した、日英露仏の四国同盟に近いものができあがったことになる。

ロンドン宣言は、英仏露三国間に結ばれていた単独不講和宣言であり、加藤外相の時代には、日英同盟があれば講和にあたってイギリスの協力が保証されるとして参加しなかったものであった。これに対して石井外相は、宣言に加入した方が日本は有利な立場を確保できるとして、元老らの意見に同調したのである（『外交余録』）。

第四次日露協商は、日露戦後から三回にわたって積み重ねられて来た条約を、さらにもう一歩進めて、日露間の軍事協力を約束したもので、実際には軍事同盟に近いものとなった。その背景には、第一次大戦の長期化の中でロシアが困難な状況に置かれており、実質的な武器援助を日本が行っていたことがあった。外交交渉は、一九一六年一月のゲオルギー・ミハイロヴィッチ大公（ニコライ二世の従叔父）の来日を直接的契機として進められ、特に中国が第三国（ドイツを想定）によって政治的に掌握されることがないようにすることを秘密条項で規定し、日露両国は東アジアにおける利害関係を守るために共同することを約束しあった。このようにして、参戦以来山県や井上によって主張されていた四国同盟論の一部が実現された。この交渉について、石井外相はそれほど積極的では無く、むしろ親露派の後藤新平の裏面での活動が目立つものであった。

大正天皇即位式典

大浦事件を受けて大隈にふたたび大命が降された時に、山県らは大隈に一一月一〇日の大正天皇即位式典を済ませるまでは任せ、その後は様子を見て後継を策していく考えでいた。大正天皇の即位式は、京都の賢所《かしこどころ》と紫宸殿《ししんでん》で挙行された。天皇は賢所で天照大神に即位を奉告し、紫宸殿で内外に向かって「朕今丕績《ひせき》（おおきな業績）を継き遺範《いはん》に遵《したが》ひ、内は邦《ほう》基《き》を固くして永く盤石《ばんじゃく》の安を図り、外は国交を敦《あつ》くして共に和平の慶に頼らむとす（中略）庶幾《ねがわ》くは心を同くし力を戮《あわ》せ倍々国光を顕揚せむことを、爾臣民《なんじしんみんそ》其れ克《よ》く朕か意を体せよ」と勅した。初めて天皇・皇后が並んで儀式に臨むことを想定して、皇后のために御帳台が設けられた。これは妊娠による皇后の欠席のため使われなかったが、外国貴紳《きしん》の参列と並んで新時代を象徴するものであった。ちなみに大隈首相の発声による万歳が唱えられ、全国津々浦々でも行われたが、万歳も明治中期から一般化した新しい風俗であった。一七日に行われた大饗の宴はフランス料理のフルコースだった。

大隈内閣末期の政治状況

京都に政治家たちが集まった機会を利用して開始されたのが、田健治郎らによる大隈内閣の倒閣策動であった。山本内閣の倒閣にあたっては、十金会グループが貴族院の動向をコントロールしていたが、大浦と一木の大隈内閣入閣により、グループ間の結束に乱れが生じはじめていた。大隈内閣に距離を置く者は、かつて同志会から脱党した後藤や仲小路らの貴族院議員と同調するようになり、大隈内閣を牽制する立場に立つようになった。大浦の失脚も、貴族院と内閣との関係を疎隔《そかく》させた。一九一五年末からの第三七帝国議会では、貴族院において、減債基金還元問題が大きな議論となった。この問題は、大正四年度予算で、一般会計から国債整理基金に繰り入れられてきた国債償還費が五〇〇〇万円から三〇〇〇万円に減額されたことに起因する。この時にも批判が起きたが、政府は金融情勢が好転すれば復活することを約束していた。しかし大正五年度予算案において、五〇〇〇万円に戻されなかった。おりから大戦の影響で日本経済は活況を呈しており、復活させることは可能に見えた。それが非難されたのである。この問題を捉えた政府批判は、田によれば外交政策批判を避けてオブラートに包んで持ち出されたものであった。貴族院の反対派の策動を抑えるべく、大隈首相は切り崩しを行うとともに、山県に調停を依頼（一月三一日）し、議会終了後適当な機会を見て退陣することを伝え、その斡旋《あっせん》により予算案は貴族院を通過した。

議会終了後の三月二六日、大隈首相は山県に後継首相として加藤高明を打診した。内外情勢に通じ、しかも財政の知識を有するという理由からだった(『山県有朋談話筆記』)。しかし山県は、挙国一致が必要な現在、政党首領を首相とすることでは、国内の一致共同を望むことはできないとして拒んだ(一九一六年四月八日推定大隈宛山県書簡)。山県が次期首相として想定していたのは、朝鮮総督の寺内正毅であった。山県の病気もあり交渉は途切れ、内閣はしばらく持続した。

このような時期に催されたのが、五月から六月初めに三浦梧楼《ごろう》の斡旋によって行われた原政友会総裁、加藤同志会総理、国民党の実質的党首であった犬養毅の三党首会談であった(図16)。三浦は、政界の黒幕的な役割を果たしていた反山県系の退役軍人であり、この時は枢密顧問官であった。この会合では、「外交及国防の方針は勉《つと》めて一定し、之が遂行《すいこう》の途《と》に当つては、各自党派の消長に関せす、誓つて一致協同する勿論《もちろん》にして、外界一切の容喙《ようかい》を許さゝる事」「対支方針は東亜永遠親好の目的を以《もっ》て相互利益の増進を図ること」「国防費は相当の限度を定め、其範囲内に於て塩梅《あんばい》処理せしむる事」を同意し合った。これは原や犬養からすれば、大隈内閣の外交政策に対する批判を意味するものであった。

加藤がなぜ内閣批判とも受け取られかねない会合に出席したのか不思議に思われようが、加藤にとっては、党人派の外交を諫《いさ》めたものであるとともに、外交問題について外界の容喙を許さないこと——これは政党首領が元老に阿附《あふ》しないことでもある——を了解し合うことは、憲政の発展、ひいては政党政治の実現にとって重要だと考えたのだと思われる。加藤は、その存在感を示して、次の首相

図16　三党首会談

候補を世間にアピールしたのだろう。

六月二四日に大隈は参内して辞意を天皇に伝え、後任候補として加藤と寺内正毅を推薦した。朝鮮から上京した寺内は七月六日に大隈に面会した。大隈は同志会を与党とする加藤との連立内閣を提議し、寺内は大戦中であるので挙国一致が必要であり、党派にとらわれない内閣が理想であるとして、話し合いはまとまらなかった。二三日、山県は寺内に現政府の政策を踏襲して連立内閣を組織するよう伝えたが、寺内は断った。寺内の態度はかたくなであり、大隈は七月二六日に参内して辞意を撤回し、内閣はもうしばらく継続した。

二ヵ月後の九月二六日、大隈は参内して辞意を内奏し、そのさいに後任として、世論の反対を受けるおそれがあるとして寺内を否定し、加藤をふたたび推薦した。実際に辞表を提出したのは一〇月四日のことで、辞表には加藤を後継に推すことが記されていた（総辞職は翌日）。これは異例のことであった。大隈は大正天皇に気に入られていたから、天皇がこれを容れて「聖断」で決定してしまうことを狙っていたのかもしれない。しかしそのようにはならなかった。山県の侍従長への注意もあって、慣例通り元老への下問がなされ、元老会議は寺内を後継首相として奏薦、組閣の大命が寺内に降った。

三　大戦の長期化の中で——総力戦への対応——

1——寺内内閣と大戦の動向

寺内内閣の成立

一九一六年一〇月九日、寺内正毅内閣が成立した。挙国一致を掲げた寺内は、組閣の大命を受けると、各政党首領を歴訪して支持を求めたが、どの政党も提携を拒否した結果、官僚系貴族院議員を中心とする超然《ちょうぜん》内閣となった。どの政党の支持も得られなかったのは、寺内が長州藩閥に属する陸軍軍人であり、その登場が古い政治の復活と受けとめられたからであった。スタート時の閣僚は、外務大臣本野一郎《もとのいちろう》、内務大臣後藤新平、司法大臣松室致、文部大臣岡田良平、農商務大臣仲小路廉、逓信大臣田健治郎、陸軍大臣大島健一（留任）、海軍大臣加藤友三郎（留任）で、大蔵大臣は寺内が兼任し、まもなくして寺内が朝鮮総督時代に朝鮮銀行総裁であった勝田《しょうだ》主計《かずえ》に代わった。メンバーの内の、後藤、松室、仲小路は第三次桂内閣のメンバーであり、同志会から離れていった人たちであったことは、内閣成立の翌一〇日に創設された憲政会（総裁は加藤高明）との対立を高めるものとなった。

この憲政会は、同志会を中心に中正会・公友倶楽部（大隈伯後援会で当選した議員が中心になって組織し

図17　寺内正毅

た無所属団が形を変えたもの）が合同したもので、一九九人の大政党であった。同志会の結成以来、第二次大隈内閣期、特に総選挙前後から、同志会を中心とする与党合同の動きはあったが、それは主に加藤高明を党首の座からひきずりおろそうとする同志会内の内部対立に由来するものであり、党運営資金を支えていた加藤の拒絶によりそれは実現しなかった。しかしこの時のものは、後継内閣問題の進行にともない、八月から動き始めていたもので、寺内の挙国一致内閣構想に対抗して政党による政権運営をめざすものであった。加藤も外相辞任後に党内統率力を高めつつあったことにより同意し、実現したものである。運動を推進した高田早苗は、「青年時代から夢みて居る英国風の二大政党主義を実現する」機会と捉えていた。したがって寺内内閣の登場に対して、憲政会は討閥同盟会を結成し批判運動を起こした。一〇月一二日に全国記者大会が開催され、閥族・官僚政治の打破を決議したが、以前のような憲政擁護運動は再現しなかった。後述する河上肇《はじめ》（京都大学教授）は、「加藤内閣ができるはずに聞いていたのが、急に寺内内閣が成立」したのは「ちょっとだまされたような気持ちがする」と新聞に記している。

いっぽう寺内が、加藤との連立や憲政会との提携を断った理由は、挙国一致内閣をめざしていたことによるものであった。この時点において、第一次世界大戦は二年が経過し、終末はまだ見えておず、また大戦の持つ深刻な意味がしだいに明らかになりつつあった。

それまでの戦争は、開戦時に有していた兵力・戦闘能力を前提として戦われるものであった。早く戦闘力を失った方が敗者となるため、短期間にいかに大量動員をして敵を叩き戦闘意欲を失わせるかが勝敗の分かれ目となった。世界における直近の戦争も、一九一二年の第一次バルカン戦争が約二ヵ月で休戦、一九一一年の伊土戦争が約一年一ヵ月、一九〇四年の日露戦争が約一年七ヵ月、一八九九年のボーア戦争は約二年半で終わっており、この戦争も開戦当初は、それほど長く続くとは考えられていなかった。

図18　タンクと塹壕

第一次世界大戦の長期化

戦争の展開を簡単に述べておくと、開戦直後ドイツ軍の進撃は早く、八月下旬にはフランス領土内に侵攻したが、九月のマルヌでの会戦で英仏連合軍が進撃を食い止め、堅牢な塹壕《ざんごう》による防備線を築きあげると、西部戦線は年末には膠着状態となった。東部戦線においても、東プロイセンの東側でほぼ同様となった。特に一九一六年二月から一〇ヵ月にわたったフランス国境に近いヴェルダン要塞をめぐる攻防は激しく戦われ、両軍合わせて七〇万人以上の戦死者を出した。いっぽう海上においては、一九一五年からドイツ軍による潜水艦作戦が開始され、五月イギリス船籍の客船ルシタニア号が撃沈されるなどの悲劇もおきた。しかし艦隊による海上での戦いは、約二五〇隻の艦船によって行われた一九一六年五月末のユトランド沖海戦で一万人以上の死者を生んだほかは出現せず、むしろ一九一七年からのドイツUボートによる無制限潜水艦戦への対応（護送船団方式による対応）に追われることになった。

総力戦の展開

戦闘膠着化の中で、戦争は膨大な兵員と物資を消耗し、それを国家が有する工業力と資力など全力で補給し続ける長期戦に突入していった。

人的には、たとえばイギリスの陸軍兵力は、開戦時に正規軍二〇万人と義勇軍・予備軍を合わせて七〇万人くらいであったのが、徴兵制に移行し、最終的には五七〇万人を動員するに至った。キッチナー元帥（Marshal Kitchener）が指を差し出して志願兵を募っているポスターは有名である（図19）。銃後では戦場に赴いた男子に代わって、一六〇万人の女性が新たに働き手となり、軍需省が創設され軍需産業の活性化と国家統制が図られた。政治的には一九一五年五月から連立内閣に移行し、特に一九一六年一二月からのロイド・ジョージ内閣は挙国一致の戦時内閣となった。ドイツにおいても、開戦時に八〇万人であった兵員の動員力は、一三〇〇万人におよんだ。フランスの動員力は、一九一三年に七〇万人であったが、戦争の期間を通じて八四〇万人が動員された。

フランスの七五ミリ砲は、一九一四年に四〇七六門配備されていたが、戦争期間中に製造・供給されたものは二万七〇〇〇門にも上った。五〇日間で一二五万発用意してあった砲弾は開戦後すぐに使い果たし、一日あたり一五万発必要なところ、製造能力は一〇万発しかなく、結局戦中に製造された数は二億一〇〇〇万発にもなった。機関銃の数も五一〇〇から六万になった。飛行機や戦車、化学兵器の登場もあり、戦争は軍事工業生産力や科学力を総動員したものとなった。もちろん食糧や軍服などの不足は致命的であり、鉄や石炭・石油などの確保も必要であり、一国の経済総体が勝敗にかかわるようになった。フランスの戦費は二二三〇億フランに達した。

このような戦争形態の変化は、連合国に派遣されていた武官や報道陣により、日本に伝えられた。一九一五年秋に陸軍は臨時軍事調査委員会、海軍は臨時海軍軍事調査会を設置した。委員会は、欧州における戦争の情況に関する資料を収集・分析、教訓を伝えるだけでなく、総力戦状況に対応するために国内工業動員能力調査・戦時軍需品供給調査なども行い、軍需工業の充実や資源確保の必要が唱えられることになった。一九一七年後半頃から「国家総動員」という用語で大戦が把握され始めたという。これらの調査が基礎となり、一九一八年四月に、軍需工業の調査と管理、民間の軍需工業の育成を含む軍需工業動員法が公布され、六月に軍需局が設置され、日本においても総力戦への対応が進み始めた。

図 19　キッチナー元帥が呼びかけているポスター（旗は，左からベルギー，ロシア，イギリス，フランス，日本海軍旗）

軍人以外でも、たとえば一九一六年

五月から一一月にかけて、連合国経済会議のために渡欧した阪谷芳郎《さかたによしろう》（日露戦争直後の大蔵大臣）は、あらゆる犠牲をいとわずに挙国一致、国のために戦っている欧州諸国の人々の姿に注目し、「日本唯今《ただいま》の有様《ありさま》を見ると、往々戦争をして居るといふことは忘れて唯《た》だぼんやり致して居るやうな傾がある」ので、日本人も「非常に決心覚悟をして欧羅巴《ヨーロッパ》の今の人心に遅れぬやうにしなければならぬ」と感じたと述べている（阪谷芳郎『欧米視察談』）。日本は参戦国であるにもかかわらず、一九一四年後半に青島戦争を戦っただけであった。陸軍出身の寺内は、諸国と同じく挙国一致の必要性と、日本においても総力戦への対応が必要なことを課題とした。そのため挙国一致にこだわったのであった。

政友会・国民党

寺内内閣はどの政党からの支援を受けなかったが、どの政党とも敵対関係にあったわけではなかった。寺内は戦時における挙国一致を掲げたのであり、超然内閣と呼ばれたが、政党を否定してはいなかったし、政党の影響力は明治時代と比べて格段に高まっており無視できなかった。その対応は、初期議会における超然内閣主義とは異なった。内閣成立にさいして政友会の原は、援助して共倒れとなることも、反対することも避け、連合せずして援助する方針を取り、政友会が不利になるのを避け是々非々主義の方針で進んだ（『原日記』一〇月一日）。

寺内内閣が議会対策として行ったことは、まず衆議院を解散に導くことであった。前述のように当時の衆議院の分野は、野党の立場を鮮明にしていた憲政会が三分の二の議席を握っていた。議会運営のためには、それを打破する必要があった。年末から開催された第三八帝国議会で、内閣不信任上奏案が提出されたのを利用して、内閣は衆議院を解散した。この時の不信任案は、憲政会と国民党が提出したものであったが、不信任案について国民党の犬養の演説は、政府を批判するだけではなく、憲政会をも批判するものであった。そして議会解散後、国民党は憲政会との共同戦線を解消した。つまり国民党は、憲政会をおびき出して解散に持ち込ませたのであり、その主敵は憲政会であり、内閣に対する態度は微妙だった。

四月に行われた選挙で、内務大臣として選挙を指揮した後藤新平は、憲政会を「不自然なる多数党」(『後藤新平』)と呼び、正面から憲政会批判を繰り広げるとともに、「健全なる政党は却《かえつ》て不自然なる少数に在るの地位に在り」と政友会に秋波《しゅうは》を送り、さらに田健治郎を中心に政府系候補者の擁立に努め、政友会でも憲政会でもない第三党を育成しようとした。選挙結果は、全当選者数三八一名のうち、政友会一六三、憲政会一二一、国民党三六であり、無所属として当選した六一人の議員の中で政府支持者四二人は維新会を組織した。この選挙結果は憲政会の敗北であり、政友会が第一党に返り咲き、政府系の維新会は第三党となったが、結束力は弱く議会の主導権を握ることはできなかった。寺内内閣は、議会開会にさきだち、六月六日に臨時外交調査委員会を設置し、その委員として政党首領である原敬、加藤高明、犬養毅に国務大臣経験者として委員就任を求めた。加藤は拒絶したが、原と犬養は承諾した。これは実質的には、政友会と国民党を与党化させる意味を持つものであった。これまで藩閥勢力としばしば妥協提携してきた原は別として、犬養は裏切り者として非難された。

臨時外交調査委員会

この臨時外交調査委員会（単に外交調査会とも呼ばれた）は、戦時における挙国一致内閣をめざした寺内内閣が、挙国一致の姿を示すべく設置したものである。勅令には任務として、「天皇に直隷《ちょくれい》して時局に関する重要の案件を考査審議」すること（第一条）と定められていた。内閣から寺内首相、本野一郎外相、後藤内相、加藤海相、大島陸相のほか、枢密院から平田東助、伊東巳代治、牧野伸顕、そして前述の原と犬養が国務大臣経験者の資格で委員として任命された。原と犬養は、前年の三党首会談における外交に関する国論統一という合意を参加理由にした。委員を受けなかった加藤は、その理由として、委員会が外交問題について調査することは、外務大臣の手足を縛るようなもので、そのような機関は憲法違反の疑いがあるというものであった。原がいみじくも「加藤はバカな男だ（中略）丸《まる》で弁護人無しで欠席裁判を受けるやうなものだ」と述べた（「原政友会総裁雑談要領」）ように、委員会が大隈内閣時の外交を否定することが予想されたことも参加拒否の理由であった。

外交調査会の機能については、史料上の制約により寺内内閣末期からしか実証されていないが、おおむね寺内内閣時には一定の重みを持っていたと言える。しかし原内閣に代わると、それは低下した。委員は、内田康哉《やすや》外相や田中義一陸相（後に山梨半造に代わる）、党人の元田肇（後に大岡育造《いくぞう》に代わる）などが、新たにメンバーとなり（後藤と寺内は留任）、さらに外交官出身の珍田《ちんだ》捨己《すてみ》が枢密顧問官として加えられたが、機能としては原内閣主導による決定を裏書きするだけのものとなり、一九二二年九月に加藤友三郎内閣の時に廃止される。

外交調査会が寺内内閣期の外交政策決定に影響を与え、ひいては陸軍の動きを規制したことは事実であったが、対中政策においては、外交調査委員会の発足以前から、寺内内閣は、それまでとは異なった政策を進めていた。大隈内閣時の対華二一ヵ条要求や、末期に繰り広げられた排袁政策によって、日中関係は混乱を極めていたが、その転換を図るものであった。

対中政策の転換・西原借款

寺内内閣は、一九一七年一月九日に閣議決定を行い、中国の内政上の紛争には干渉はせず、中国の独立・領土保全を尊重し、誠意をもって指導啓発し親交を増進させるという方針を打ち出した。これは中国における南北対立の状況に対して不偏公平の処置を取るということであったが、実際には、この閣議決定の直後の二〇日に、中国交通銀行に対する五〇〇万円の借款契約が成立した。これは西原借款と呼ばれる一連の借款供与の、最初に位置づけられるものとなった。

西原借款は、一九一六年六月の袁世凱死亡後に、北京政権を握った段祺瑞《だんきずい》首相に向けてなされたものである。袁没後の大総統職を継いだのは黎元洪《れいげんこう》であったが、革命派（南方派）による護国戦争は継続されていた。北方派内部でも国務総理となった段祺瑞と黎との間でしばしば対立が発生するだけでなく、一九一七年七月には張勲《ちょうくん》による清王朝復活の試みがなされるなど、軍閥間の争いで政情は安定しなかった。このような状況下での段政権への資金供給は、実質的に北方派援助、内政干渉にあたるものであった。そしてこの政策は、半年後の七月二〇日の閣議で確定していく。そこでは「段内閣に相当の友好的援助を与《あた》へ時局の平定を期す」と記され、段内閣は中国における正統政府であり、それを援助することは内政不干渉方針には反しない、共同もしくは単独で中国政府が必要とする財政援助を行うことは差し支えない、軍需品供給に関しても友好的考慮を図るとし、いっぽう南方派に対しては日本の援助を期待させるような言動はせず、借款や軍需品供給も拒絶すると述べられていた。この政策は援段政策と呼ばれた。

さらに日本は、中国を参戦の方向に導いていった。一九一七年三月に、中国の対独国交断絶にさいする援助要請に関して、義和団事件賠償金支払延期と関税五分引き上げを決定し、やがて中国は八月一四日に参戦する。そのさいにも、参戦借款二〇〇〇万円が西原借款の一環としてなされた（一九一八年九月）。ただし中国の参戦は、実際に中国軍がドイツとの戦闘に加わるというわけではなく、労働者をヨーロッパ戦線に派遣し後方で援助するという形でなされた。中国にとっての戦いは、ドイツによって奪われた権益を回収する契機となり、ドイツ分の義和団事件賠償金支払いの停止、ドイツ租界の廃止（特別区となる）などがなされた。

西原借款は、寺内が朝鮮総督時代から深い関係を有していた朝鮮銀行嘱託員であった西原亀三《かめぞう》を使って、外務省を通さずに行った交渉によってなされたもので、内閣では元朝鮮銀行総裁の勝田蔵相も深く関与していた。目的は、段政権を日本に引きつける（アジア連帯）ことによって、日本の影響力を増大させようとするものであり、総力戦状況に対応して資源供給地や市場としての中国との経済関係緊密化をめざすものであった。当時、中国に対する政治的借款は、英仏露日の四国借款団によってなされるものとされており、借款には各国の同意が必要であったから、借款名目を経済的なものとしてなされたものであった。借款は、第二次交通銀行借款二〇〇〇万円（一九一七年九月）から、一九一八年に入ると本格化していき、総額は一億四五〇〇万円にもなった。大戦中の好景気による資本蓄積という背景があって可能になったものであるが、結果的には、資金は南方派や北方軍閥間の戦いに利用され、確実な担保もなかったため第一次交通銀行借款を除いて不良債権となって回収できないものとなった。この西原借款は、日本がアジアに向けて国際化を図っていくという政策を国家として採用したものであった。

2—アメリカ参戦とシベリア出兵

アメリカ参戦と石井・ランシング協定

前述のように、一九一七年から無制限潜水艦作戦が開始され、中立国であるアメリカ商船も攻撃に曝されることになった。アメリカは二月三日にドイツとの外交関係を断絶し、四月六日に参戦した。日本とアメリカは、連合国として味方同士となった。これを反映して一一月二日、石井・ランシング協定が結ばれた。石井とは前外相の石井菊次郎で、ランシングとは国務長官である。これは対華二一ヵ条要求以来悪化していた両国間の緊張緩和を図るもので、両国は「領土相接近する国家の間には特殊の関係を生することを承認」する。つまりアメリカは日本の領土に接している地域（具体的には満蒙を指すと日本は解釈した）における日本の特殊利益を認め、両国は「支那の独立又は領土保全を侵害するの目的を有するものに非ざること〔中略〕常に支那に於て所謂《いわゆる》門戸開放又は商工業に対する機会均等の主義を支持すること」、つまり日本はアメリカの門戸開放政策（門戸開放、機会均等、領土保全）という対中原則を認めたと解釈した玉虫色の協定であった。

また日米の戦争協力は、一九一八年三月の日米船鉄交換協定という形でも実現している。鉄はあらゆる工業の基礎となる物質である。戦争長期化のなかで、イギリスは一九一六年に、アメリカも大戦参戦後の八月に鉄輸出を禁止した。自国の兵器生産のためと、敵国にわたることを恐れたためであった。これにより困ったのは日本の造船業界であった。日本の鋼材自給率は五割もなく、従来から輸入に頼っていたからである。これを打開するために、アメリカとの交渉で、日本は保有する船舶を提供する代わりに、同量の鉄材を受け取ることになった。すなわち受け取った鋼材で造船して船を渡し、余った鋼材を他産業に回すという方法であった。このように鉄だけを見ても、日本は資源不足に苦しみ、したがって戦争遂行体制構築のためには、中国大陸からの鉄資源の安定的確保ということが課題となり、このような方向からも親日政権の樹立という方向がめざされたのである。

ロシア革命

戦争が長期化して食糧品の不足や死傷者の増大が深刻化すると、どの国でも、しだいに不平不満や厭戦気分が高まり、ドイツやフランスでは大規模なストライキに見舞われた。その影響が最も大きかったのがロシアであった。一九一七年三月八日から大規模なゼネストが行われ、ニコライ二世は退位、ロマノフ王朝は崩壊した。二月革命である。続いてレーニンの率いるボリシェビキが、十月革命（西暦では一一月）により権力を握った。私有財産の否定、土地の国有化、そして労働者が権力を握る世界で初めての社会主義国家ソヴィエトが誕生した。そして一二月には独露間で休戦がなり、一九一八年三月にはブレスト・リトウスク講和条約を締結し、戦線から離脱した。東部戦線の崩壊＝ドイツの勝利は、連合国軍との均衡状態を一時的に崩し、ドイツの優勢をもたらした。なおブレスト・リトウスク条約により、ロシアからフィンランドやポーランドが独立を達成しただけでなく、バルト三国やウクライナも分離された。これは、一九九一年のソ連崩壊後における再独立の契機となり、さらに第一次世界大戦から一〇〇年後（二〇一四年）のウクライナにおける親ロシア派勢力による内戦となって世界に脅威を与えるなど、今日にも影響している。

第四次日露協約の締結によって準同盟国となっていた帝制ロシアの崩壊と敗北は、日本に衝撃を与えた。その一つはドイツ勢力が東に進んでくるという危機感であり、もう一つは革命思想波及への恐怖感であった。一九一八年五月に、段政権との間に日華陸軍共同防敵軍事協定および海軍協定が締結された。そこでは、ドイツ勢力がロシア内に蔓延《まんえん》し極東の平和・安寧が侵迫される危険に対して、共同防敵の行動を取ることを第一条に掲げ、以下では協同動作が細部にわたって定められた。そしてこれにともない西原借款の一環としてさらに資金供与がなされ、武器援助や軍事協力を通じて、日本式軍隊の育成がめざされるとともに、シベリアに出兵する日本軍への協力と日本軍隊の中国内軍事行動が認められた。

長島隆二という後藤系の政治家は、ドイツは中央アジア・インド・シベリア・太平洋に影響力をおよぼすことができるようになった、それを防止するためには、日本がシベリアに出兵して、実力を示すことや、ドイツ勢力が波及しないうちに軍事的防備を完全にすべきだと主張した。また出兵を契機として国家総力戦体制を構築すること、その前提として日中の軍事的・政治的・経済的同盟を作り上げることが必要であり、日中の経済的一心同体化を図らなければならないと主張した（『西伯利亜出兵并に対支政策を論じて国民精神の改造に及ぶ』）。これは寺内内閣の政策の方向性を代弁したものであった。

シベリア出兵

長島がここで述べているシベリア出兵論は、ロシア革命勃発直後から、居留民保護を名目にして、実際には東部シベリア地域における日本影響力の増大やシベリア鉄道の管理権を狙って、特に陸軍参謀本部を中心に唱えられていたものである。さらに英仏両国が、ロシア崩壊によってドイツ軍が西部戦線に集中できるようになることを恐れ、日米両国によるシベリアへの兵力派遣を要請してきたことが、シベリア出兵論を加速させた。ロシア革命勃発後のシベリアの治安も、政治的空白のために悪化していた。日本は一九一八年一月に、居留民保護を理由にウラジオストクに軍艦を派遣し、四月に日本人商店が襲われ死傷者が出たことにより陸戦隊を上陸させたことがあったが、まだ寺内内閣は本格的出兵には慎重な姿勢を見せていた。

ところがブレスト・リトウスク講和条約締結後、東部戦線に残存する形となってドイツ軍と戦っていたチェコ軍団が、戦闘を継続するためにロシア領内をシベリア鉄道経由で東へ進み、太平洋へ抜けて大回りして西部戦線へ転進しようとしていたところ、五月にウラル山中でソヴィエト赤軍と衝突し殲滅《せんめつ》状態となったと報じられた。そこで七月になってアメリカのウィルソン大統領より、チェコ軍団救出のための日米共同派兵提案（両国ともに七〇〇〇人程度）がもたらされた。

図20　ウラジオストクに上陸した日本軍（1918年8月11日）

この提案により、臨時外交調査委員会では、それまで出兵に反対していた原敬や牧野伸顕が、アメリカとの協調出兵ならばと限定的出兵に同意した。こうして八月二日に寺内内閣はシベリア出兵を宣言した。政府の決定は派兵数を限定したものではなく、日本の派兵数は一〇月末までに合計七万二〇〇〇人に達した。占領地域も極東シベリアの中心地であるバイカル湖の西側の都市イルクーツクまで拡大した。一部の軍は、旧ロシアの勢力圏であった北満洲へも進んだ。

出兵から約一年半後の一九二〇年一月に、アメリカは撤兵を宣言した。しかし日本は派兵を継続し、出兵の目的は共同出兵から、日本が影響力を持つシベリア緩衝国家（親日反革命政権）の擁立になっていった。日本は、コルチャークにより立てられたオムスクの臨時政府や、ザバイカル州に勢力を誇ったセミョーノフを応援した。その間、一九二〇年には二コラエフスクにおいて日本人居留民が革命軍によって殺害される尼港事件が起こった。シベリア出兵は、現地シベリア住民の不満を買い、先に撤退していったアメリカの不信を招いただけで、得るものは何もない戦いとなった。

図21　大戦ポスター.「ジャンヌ・ダルクはフランスを救えり」米国の婦人達よ，戦争貯蓄債券を求めてあなた方のお国を救へ（米国大蔵省発行貯蓄奨励用）

宣伝戦

第一次世界大戦は、宣伝戦でもあった。各国は、競って新聞や雑誌・ポスターなどを利用して、政府の立場を説明し世界世論に訴え、公債や兵士を募り、愛国心を鼓舞し敵愾《てきがい》心を煽り、国民の支持を獲得することに務めた。それまでもっぱら商売用の宣伝に使われていたポスターが利用され、大きな威力を発揮した（小説家内田魯庵の言）。敗戦後、ドイツ人は異口同音に、我々は戦闘に勝ったが、「遂にノースクリッフの宣伝に勝つ能《あた》はざりき」と歎息《たんそく》したという。ノースクリッフとは、イギリスの新聞王で世界に向けてイギリスの立場を宣伝をした人物である（『大戦ポスター集』）。陸軍少将の河野恒吉は、世界大戦が精神力の戦いでもあったとし、その優劣の差の生じた要因の一つに、ドイツが参政権を制限したことにより国民が認めない強制戦を展開したのに対して、連合国側の戦いが権利義務観念にもとづく自覚戦であったことを挙げている（「宣伝に関する予の研究」）。また連合国側が武力戦・経済戦による国民の惨禍、人命上の犠牲や生活困難を堅忍持久できたのは、犠牲を甘受する自覚ができていたことによるとしている。つまりドイツの軍国主義に対してデモクラシーが勝利したものであるとされたのである。

日本においても、情報・宣伝の持つ意味は大きかった。たとえば開戦直後にドイツ軍によって侵攻されたベルギーは、駐日公使館が中心となってベルギー救援キャンペーンを行った。その中では、占領されているベルギーにおけるドイツの施政について、ドイツ新聞の報道・宣伝の虚構を訴え、ハーグ条約に違反してベルギー労働者を使役しているとか、国際法上ベルギー人を給養する義務があるのに食料品不足のためできておらず、そのためベルギー人が飢餓に瀕しているというような訴えがなされている。

外国人監視

第一次世界大戦の勃発を契機として、外国人監視体制が構築されていったことも述べておこう。日本の参戦により、日本在住のドイツ人・オーストリア人などは敵性外国人となり、監視の対象とされ、それはやがて外国人全般に対する要視察人調査となっていった。要視察人調査は、すでに日本人の無政府主義者、共産主義者、社会主義者などを対象になされていたものである。

開戦後まもなく、一九一四年九月一二日に「独逸《どいつ》国人退去処分執行の件」(内務省秘第二六九三号内務次官通牒)が通牒された。横浜在住のドイツ人マルチン・オストワルドの退去措置執行に関する照会に対して、全国にその方法を通達したものであった。

ところが敵性外国人に限らず外国人全般に対するまなざしが第一次世界大戦中に変化していく。この点で重要なのは、はじめて外国人の上陸禁止の要件を定めた一九一八年（大正七）一月二四日の「外国人入国に関する件」（内務省令第一号）である。そこには日本の利益に背反する行動をしたり敵国の利便を図るおそれのある者の他に、公安を害したり風俗をみだすおそれのある者の上陸禁止条項が盛り込まれた。これは一九一七年にロシア革命が勃発し、社会主義政権が誕生したことにともない、社会主義思想を有する外国人への警戒やスパイ行為への危惧という問題が起こり、外国人の「保護」と「取締」が重要となってきたことに対応した措置であった。それまでの外国人取り締りは、緩やかだった。

第一次大戦中に公安上の理由から日本を退去させられた者は、たとえば新聞紙でドイツを擁護し、連合国を中傷離間する記事を掲載したドイツ人、日本の機密を探り秘密通信をなし、連合国の利益を障害したドイツ・イギリス・イタリア・アメリカ人、過激思想宣伝をして日本の安寧をみだすおそれのあるロシア人などであった（一九二〇年三月一三日「退去受命者の再入国許可に関する件」内務省秘第五〇〇号内務省決定）。

社会主義思想流入への懸念

そしてロシア十月革命直後の一九一七年一一月七日、「外国人視察内規」が内務省訓令第六八一号として発せられた。要視察外国人事務の規定化であった。内規の定める要視察人とは、日本に危害を加えたり軍事外交上の機密を探ったりする者、日本や連合国の不利を図ったり敵国を擁護したりする者のように、本来の戦時措置という側面を前面に出したものであった（以上甲号）が、乙号として日本国内で外国の治安を妨害する言動や煽動をする者や、「平素粗暴過激の言動を為す者」とのように、かなり幅広い解釈が可能な条項もあった。視察を要しない外国人についても名簿の調製が同時に求められているところからも、外国人に対する監視がしだいに拡大していく姿を見ることができる。以上のような内規にもとづき、外事警察の整備も進み、一九一七年八月に内務省警保局保安課に外事係が設置され、それは一九二〇年三月に警保局外事課に格上げされた。ロシア革命によって、共産主義化したロシアから日本に逃亡・亡命してくる者もかなりの数にのぼっており、日本は彼等を保護するとともに、社会主義政権にしたがうロシア人とは区別して、彼らを白系ロシア人と呼んだ。

講和後の「外国人視察取締に関する件」（一九一九年一二月二日内務省秘第二九六一号各道府県長宛警保局長通牒）は、今後国際関係益々複雑となるにつれ、政治・経済・兵備等の諜知《ちょうち》を目的とする者や「国家諸制度の変革を主張する各種危険思想抱持者」の出入が多くなるので「此の際慎重なる調査を遂け、名簿を整理し報告せらるると共に、新規要注意人物の発見に努められ度」としている。当初、敵性外国人を主眼としていたものが、探諜行為や危険思想の流布への対処という側面で、いっそう取り調べが強化されていくのであった。

スペイン風邪

日本に欧州からもたらされたのは、社会主義思想やデモクラシー思想だけではなかった。まったく目に見えないものであったが、最近、パンデミックとの関係でスペイン風邪の流行があったことが注目されている。一九一八年に入ってのドイツ軍の優勢（膠着状況から脱し一時期パリから八〇キロまで迫った）を挫折させたのは、世界的に流行したインフルエンザのためだっ

図22　マレーシア・ペナン島日本人墓地の最上病没者慰霊碑

たとも言われる。新たに参戦したアメリカ軍でも、死亡者の多くはインフルエンザによる病死であったそうだ。

インフルエンザの大流行の発生源は不明であり、交戦国が各国とも流行を隠し、戦争に参加していないスペインでの流行のみが報じられたためスペイン風邪と呼ばれたが、実際には一九一八年春夏から二年間にわたる敵味方を問わない世界的大流行であった。

日本への感染経路も不明であるが、シンガポールを基地として東南アジア水域の警備にあたっていた軍艦最上でも感染者が発生、一五人が亡くなっている（図22）。一九一八年一〇月のシンガポールでの大流行の影響と考えられる。日本での流行は、一九一八年秋からが第一波、翌年一二月からが第二波、一九二〇年一二月からが第三波であった。第一波の一九一九年一月下旬、東京での一日の死亡者は二五〇〇人以上にのぼった。内務省の対応は後手に回り、第一波に対しては、人混みを避けることやマスクの着用、うがいの励行、患者の隔離等を通達したものの、大した措置はとれなかった。第二波には、もう少し本格的に注意喚起をしたが、充分なものとはならなかった。まだまだ流行性感冒に関する認識が低かった。このスペイン風邪の流行は、第一次世界大戦という特有な状況の中で猖獗《しょうけつ》を極めたのであった。

3—大戦末期の様相

大戦下の日本経済

明治末から大正初期までの日本は、財政的・経済的・金融的に苦しい時代であった。膨大な外債によって戦われた日露戦争での借金返済が重くのしかかっていたからである。しかも年々、輸入超過傾向が続き、一時期は正貨準備も底をつき国家経済の破綻が懸念されるような状態であった。そのような状況を打開するために、産業振興政策の立案や、地方改良運動を通じた農村における生産性の向上などが策されたが、第一次世界大戦が始まった時点においては、まだこれといった成果はあがっていなかった。

そのような時期の大戦勃発は、それまでの貿易環境の変調を生むおそれもあり、開戦当初においては不安心理をもって迎えられ、現実においても不況を深刻化させた。しかし、その後は予想外の展開となった。国際貿易収支は輸入超過から輸出超過に転じ、日本は債務国から債権国になり、「成金」たちが続出したのである。好景気が開始されたのは一九一五年後半からで、それから一九二〇年三月までの約四年半が大戦景気である。休戦となった一九一八年一一月から翌年春にかけての一時的不景気はあったものの、景気は持ち直した。戦後復興への期待からであった。そのピークは一九一九年であった。

この好景気は、欧州諸国の貿易が戦争のためにストップし、それに代わって日本のアジア向け輸出が激増したことと、総力戦による軍需物資の供給元の役割を日本が担ったことによるものであった。一九一三年と一九一八年とを比べて、日本の輸出額は約三倍に増加した。ちなみにアメリカは約二・五倍、カナダは四・三倍であった。日米間の結びつきも深まった。国際収支差額は、一九一四年がマイナス五〇〇〇万円だったのが、一九一七年には約五億六七〇〇万円のプラスとなり、一九一九年までの六ヵ年の総計では約一三億二九〇〇万円の黒字となった。輸出商品としては、あいかわらず生糸《きいと》がトップであったが、東南アジア向け綿織物もかなり増加した。貿易外収支においても、船舶関係がとてつもなく稼ぎ、四億円以上のプラスとなっている。正貨保有高も三億円程度だったものが二〇億円を超えた。アメリカも同様であり、大戦をきっかけに世界金融の中心はロンドンのシティーからニューヨークのウォール・ストリートに移った。

国内産業の活性化

これにともない国内の国民総生産額は、一九一三年と一九一九年を比べて、名目において五〇億円から一五四億円と三倍規模、鉱工業生産高は一・六倍（農業は一・二倍）、銀行を含まない会社資本金は約二〇億円から六〇億円に、東京株式取引所の売買高は四・一倍となった。特に活況を呈したのが、海運と造船であり、大戦以前は低調であった重化学工業（化学・鉄鋼・非鉄金属・機械）の発展もめざましかった。

一例を板ガラス工業の例であげよう。厚さが薄く一定の広さの平面を要する板ガラスの作製は、技術的にかなり難しく、まがりなりにも国産化に成功したのは、旭硝子がベルギーから製作技術一切を導入して工場を立ち上げた一九〇九年のことであった。それまで窓ガラスの需要は、洋館や洋式家具の増加と共に年々増加していたにもかかわらず、そのほとんどを輸入に頼っていた状況であった。一九一一年の関税自主権の回復にともない、ガラス関税が四倍に引きあげられたことは、いくらかガラス産業の保護に役立ったが、ベルギー製輸入品の優位は揺るがなかった。ところが大戦勃発で輸入が途絶したのを契機に、日本は板ガラス自給を達成し、値段も品不足のためもあって暴騰し大きな利益をもたらし、さらに日本製品は東南アジアを席巻した。大戦後にはベルギー製品のまき返しもあったが、ずっと先の一九三二年には、日本の板ガラス生産高は世界第三位になるまでに育った。これと似たような動きが多くの産業において起こっていたのである。

労働問題の活発化

諸産業の発達は、工場労働者の激増をもたらした。一九一四年には労働者一〇人以上の工場で働く労働者数は約九九万人だったのが、一九一九年には約一五五万人となった。いっぽう消費者物価指数は、一九三四〜一九三六年を一〇〇とした指数で、一九一四〜一九一六年は六〇前後であったのが、一九一七年には七七、一九一八年には一〇四、一九一九年には一三八と開戦時の二倍以上になった。労働者の賃金も上昇したが、追いつけない状況であった。

一九一二年に鈴木文治《ぶんじ》を中心に一五人の会員によって組織された友愛会は、最初は修養団体的色彩を持つ「友誼《ゆうぎ》的共済的又は研究団体」であった。しかし発足直後から会員数が急速に増加し、一九一六年一〇月には二万二〇〇〇人に達し、支部も八二を数えるに至った。労働運動は治安警察法によって制限を受けていたが、一九一六年一月にアメリカ視察を終えて帰国した鈴木は、組合組織の必要と同盟罷工《ひこう》（ストライキ）の権利を主張するようになり、一九一七年四月の創立五周年大会において、全国における「各種同職団体の総連合」であるとした。そしてその直前から労働争議の調停にも関与するなど、労働団体の中核となっていった。労働争議件数は、一九一四年には五〇件（参加人数約七九〇〇人）であったのが、一九一六年には一〇八件（約八四〇〇人）、一九一八年には四一七件（約六万六五〇〇人）、一九二〇年には一〇六九件（一二万八〇〇〇人）と推移している。要求は圧倒的に賃金増額を要求するものが多かった。

貧乏物語

第一次世界大戦がたけなわの一九一六年に、注目すべき二つの論説が世に出た。一つが河上肇《はじめ》の「貧乏物語」、もう一つが吉野作造《さくぞう》の「憲政の本義を説いて其有終の美を済《な》すの途《みち》を論ず」である。これらの著者は、ともに第一次世界大戦前後の欧米を見て帰国した、その後の大正時代を牽引する学者であった。

河上は、一九一三年一〇月に日本を出発して二年間ヨーロッパに留学した（開戦直前にドイツにいた河上はロンドンに移った）。一九一五年二月に帰国した河上は京都帝国大学教授となり、「貧乏物語」を『大阪朝日新聞』に一九一六年九月一一日より一二月二六日まで五二回にわたり連載した。これは連載終了直後の一九一七年に出版されベストセラーとなった。上編「いかに多数の人が貧乏しているか」、中編「何ゆえに多数の人が貧乏しているか」、下編「いかにして貧乏を根治《こんち》しうべきか」という構成で、貧乏を経済学的に、あるいは社会政策的に論じた論説であった。なぜそんな本がベストセラーになったたか、現在では理解しにくいところもあるが、大戦下の日本社会で日々甚だしくなる格差のひどさという現実が共感を生んだのであろう。

この本の序において河上は、「人はパンのみにて生くものにあらず、されどまたパンなくして人は生くものにあらずというのが、この物語の全体を貫く著者の精神の一である」と述べている。彼は留学体験で、欧米文明国における驚くべき「多数人の貧乏」を知ったという。そして貧乏の生じる原因を、「多くの生活必要品がまずあと回しにされて、無用のぜいたく品のみがどしどし生産されて来るゆえんである」としており、結論である貧乏退治の方策は、「富者の奢侈《しゃし》廃止」、「貧富懸隔《けんかく》の匡正《きょうせい》」、「経済組織の改造」であった。河上は後に社会主義者となるが、まだ本書では、「孔子の立場を奉じて」と述べているように、つまり儒教的修養主義による貧富の格差の解消を論じていた。

河上は論説の最後で大戦勃発の理由について、英国民の大多数が貧乏線以下にあり、これらの人々の生活必要品を供給するだけでもすでに相当な仕事が残っているにもかかわらず、それがなされないのは、貧乏人の要求に応ずるよりも海外未開地の新事業に放資する方が儲けが多いからで、資本輸出の競争のために戦争しなければならなくなったと述べているのは、社会主義の帝国主義批判に通じるものであった。

憲政の本義を説いて……

第一次世界大戦の前年にヨーロッパから帰国した吉野作造は、一九一四年に東京帝国大学教授となるとともに、『中央公論』を舞台として活発な政治評論活動を始めた。特に同誌の一九一六年一月号に掲載した大論文「憲政の本義を説いて其有終の美を済《な》すの途《みち》を論ず」は、民本主義を提唱したものとして著名である。吉野はDemocracyを、通常の訳語である「民主主義」ではなく「民本《みんぽん》主義」と訳した。民本主義は、平民・民衆を重んじる（政治は一般民衆のために行われねばならない）、あるいは国家主権の活動の基本的目標は政治上人民に在る（政治は一般民衆の意嚮《いこう》によって行われねばならない）ことを意味するものであるとした。このような訳によってDemocracyの実現を説いたのは、明治憲法が天皇を主権者と定めていたためで、吉野は、主権者は一般民衆の利福と意向を重んずることを方針とすべしと説いた。民本主義は、日露戦後から出現していた民衆騒擾《そうじょう》に見られる人々の政治参加要求を積極的に評価したものであった。すでに吉野は一九一四年の論文「民衆的示威運動を論ず」（『中央公論』四月号）において、民衆騒擾を政治的決定に民衆の判断が働いた例として評価していた。

だが吉野の論説が受け容れられた背景には、第一次世界大戦でのドイツとの戦いが影響を与えていた。日本の参戦は、日本の利益という純粋に帝国主義的観点にもとづくものであったが、戦いの正当性を論じるさいには、しばしばドイツの軍国主義・帝国主義との戦いと規定されたからである。ドイツ国家体制への批判が、デモクラシーへの評価につながっていた。そのため連合国の勝利が確定すると、日本でもデモクラシー思想の拡大と民本主義にもとづく政治実現への動きを正当化させ加速させたのである。それは具体的には普選運動という形で表面化させることになった（後述）。

米騒動

大戦景気の中で、物価は一九一六年頃から上昇を始め、特に一九一八年は顕著であった。生活に欠かせない米価の動向は、第一次世界大戦以前の一九一一年後半から一九一三年前半にかけて、いったんは高騰したものの、その後の豊作で低落していた。しかし一九一六年から上昇を始め、深川正米市場の月別平均米価で、一九一五年一〇月に一石一一円であったのが、一九一七年六月には二〇円となり、一九一八年七月に三〇円、一〇月には四〇円まで騰がったのである（翌年には五〇円を超える）。当時の日本では、生活の変化により米の消費が拡大しつつあった（麦や粟などを混ぜて食べたりする割合も減った）ほか、米相場も投機の対象であり、外米産地における輸出制限による供給不安（日本は明治末から外米によって不作を補ったり米価の安定を図ったりしていた）、八月は米供給の端境期《はざかいき》であったことも、米価の急騰を刺激した。

図23　東京における米の廉売

一九一八年七月末に、富山県魚津地方で、米価の高騰に不満を訴える動きがあった。そのような時に、八月二日に寺内内閣はシベリア出兵を宣言した。これが米騒動のひきがねとなった。八月三日、富山県西新川郡で、漁師の家で生活に困窮していた主婦たちが、数十人集合して町の有力者や米屋に押しかけて、米の廉売《れんばい》と他県への転売をしないよう求めたのである。

米騒動は「女房一揆」という目を惹きやすい新聞の報道を通じて、全国、特に中部から関西地方に拡大していき、行動も過激化した。八月一一日過ぎからの神戸での騒動で、鈴木商店が焼き打ちされた事件は有名である。鈴木商店は、第一次世界大戦中に急速に拡大した商社であった。寺内内閣に新聞の発売禁止などの報道規制を行い、軍隊まで投入して鎮圧した。

白虹事件と寺内内閣の崩壊

米騒動関係記事の差し止めへの反発や、言論の自由要求により起こったのが白虹《はっこう》事件であった。これは『大阪朝日新聞』が、八月二五日の言論擁護内閣弾劾関西新聞社通信社大会での内閣批判記事により、発売禁止処置を受けた事件である。何が問題だったかと言うと、その時の記事中に「我大日本帝国は今や恐ろしい最後の裁判の日に近づいてゐるのではなからうか、『白虹日を貫けり』と昔の人が呟《つぶや》いた不吉な兆《きざし》〔中略〕が人々の頭雷のやうに閃《ひらめ》く」という語句が問題視されたのである。政府は、「白虹」云々の語句は中国の王朝交替を連想させるものであり、国家転覆を図るものだとして新聞紙法第四一条・第四二条違反で訴えた。この条項は、国家の安寧秩序を乱し朝憲紊乱《ちょうけんびんらん》にあたるものについて、永久に新聞発行を禁止することができる条項であった。事件は、その二ヵ月後に村山龍平社長の辞任、新聞社が「不偏不党」という立場を宣言することによって決着が図られた。日露戦後から民衆運動を組織し煽ってきたジャーナリズムが政府に屈し、いっぽうで同時期に経営規模を拡大した新聞社が企業経営を重視する方向へ転換することになった事件であったとされている。

米騒動は、背景に特定の政治勢力の動きが潜んでいたものではなく偶発的なものであったが、それだけ社会の不安定性は高まっていた。そして寺内首相は、心臓病の悪化に加え、前年の暮れにインフルエンザに罹《かか》った後は健康が優れず、二月にはふたたびインフルエンザにより静養しながら議会に臨む状況であった。議会終了後の辞意を洩らしていたが種々の事情でできず、六月からは医師の勧めで湘南海岸に静養しながら政務をやっと取れるような状態であった。そのためもあり、寺内は米騒動が鎮静化したのを見届けて、その責任を取る形で九月一四日に辞意を内奏、二一日に辞職したのである。

四　大戦後の政治と社会——世界大勢への順応——

1——原内閣の成立と大戦終結

原への大命降下

寺内が辞職した後に原敬が内閣を組織することを命じられたが、それはすんなりと決まったわけではなかった。この時の後継首相候補の推薦にあたっては、山県・松方、そして新たに元老として認められた西園寺公望と、元老ではなかったが大隈重信に相談がなされた。元老の中心的存在であった山県は、挙国一致内閣の継続を理想としており、政党首領は避けたかったが、適当な候補者がおらず、前政友会総裁の西園寺を希望した。松方も同様であり、大隈は両者とは別個に西園寺を推薦した。そのような経緯から、西園寺に大命《たいめい》が降ったのであったが、西園寺は以前から固く拒んでおり、この時も受けようとはせず、原を推薦した。それを山県や松方が受け容れることによって、二七日に原に内閣組織の大命が降ることになった。

原内閣の顔ぶれは、外務大臣内田康哉、内務大臣床次竹二郎《とこなみたけじろう》、大蔵大臣高橋是清、陸軍大臣田中義一（後に山梨半造）、海軍大臣加藤友三郎（留任）、司法大臣原敬（一九二〇年大木遠吉《おおぎえんきち》）、文部大臣中橋徳五郎《とくごろう》、農商務大臣山本達雄、逓信大臣野田卯太郎《うたろう》、鉄道大臣元田肇《もとだはじめ》（一九二〇年設置）という顔振れで、

この内、外務・陸軍・海軍大臣を除いて政友会員であった。ただし生粋の党人は中橋・野田・元田の三人であり、床次・高橋・山本は大正期に入って官僚機構あるいは日銀からの入党者で、原が進めてきた官僚の政党化の賜であった。一九二〇年になって就任した司法大臣の大木は、貴族院の会派である研究会の中心人物の一人であり、貴族院との協力関係が築かれたことを象徴する人事であった。この時期までには、官僚出身議員、特に山県系の貴族院における影響力は低下しつつあり、官僚系の勅撰議員たちは、政友会に近い交友倶楽部や、憲政会に近い同成会などに分裂しつつあった。

図 24　山県有朋

原は、初めて衆議院に議席を持つ者として首相となったが、原を首相に推薦することに同意した山県は、衆議院議員として、あるいは政党総裁としての原を積極的に支持したのではなかった。原くらいしか候補者がいなかったのである。原が、山県に対して大隈内閣以来積み上げてきた信頼感と、寺内内閣を実質的に支持してきたことが、原個人への評価となって実現したものであった。そういう意味で、日本憲政史上における初の本格的な政党内閣である原内閣は、実際は「桂園時代」における政友会・藩閥《はんばつ》提携方式を極限まで政友会に優位にしたものであったといえよう。原は「米騒動だな。あの時若《も》しわが党が扇動でもしてみ給へ。大変なことになつてゐたにちがひない。官僚内閣の無力なことが、山県にもよく呑み込めたものだ」と述べている。

ただし原が、保守層の期待を担って山県らの考えに沿う政治を行ったというわけではない。原はリーダーシップを発揮して、それまでの政治に多くの風穴を開けた。これまでの多くの研究が高く評価してきたところである。しかし原に対する当時の評価は、決して高くなかったことも事実である。これは原が、期待されたよりは漸進的であったという限界によるものであった。現在、原の評価はとみに高くなっているが、政治のリアリズムからの手放しの賛辞も、理想主義的な地平からの酷評も避けねばならない。

野党からの評価

原内閣の成立にあたって、野党はどのように対応したのであろうか。寺内内閣末期に、憲政会の加藤高明は、原に対して提携を働きかけていた。この機会を、二大政党交代による政党政治実現のチャンスと考えていたからであった。それは、両党が提携して政権を藩閥・官僚から奪取して政党内閣を作ることが、その後両党が争うことになっても、官僚勢力の操縦を免れることになるという見通しからであった。しかし原は、争わずに自然に政権が回ってくると予想していた。寺内内閣は長くは続かないだろうから、隠忍《いんにん》すれば官僚は自滅するし、両党提携などという際《きわ》だった行動は取るべきでなく、もし実際に後継内閣が問題ありとなったさいに、公然と提携して戦えば官僚内閣の現出を防止できるとして断っている（『原日記』七月二二日）。そしてまもなく、予期したように寺内から円満な政権授受をほのめかされた（『原日記』八月四日）。加藤が働きかけた提携は、原が首相に推薦されたため必要なかった。原の政局観の確かさを示すものだが、原はとりあえず自党による政権奪取をめざし、加藤は政党内閣の継続性、二大政党間の政権授受を一挙に実現する上で官僚勢力との対抗を重視していたことがわかろう。そして加藤が原政党内閣への支持を、当初表明したことは、提案の延長線上に位置づけられる。だが原からすれば、憲政会の支持よりも自党の拡大の方が重要だった。

大戦の休戦

原内閣の成立とほぼ平行して、第一次世界大戦が終熄《しゅうそく》に向けて動きはじめ、四〇日後の一一月一一日に休戦となった。日本国内における政権交代と世界情勢の変化が続いて起こったのは、まったくの偶然であろうが、今日から見た時には、世界の変化を予想していたような必然的な政権交代であった。

欧州の大戦争は、一九一八年に入って、ドイツ軍が西部戦線で春から大攻勢をかけ、フランス軍が押され気味になるなど、まったく見通しが立たなかった。しかし七月頃から、ようやく戦闘体制を整えたアメリカ軍が本格的に投入されたことが、戦争の帰趨を決めてしまうことになった。アメリカは参戦以後、志願制から徴兵制に切り替え、わずか数十万人しかいなかった兵員数を戦争終結時には四〇〇万人にまで拡大させ、うち二〇〇万人以上をヨーロッパに送り込んだのであった。

いっぽうドイツでは、長く続く戦闘に部隊の士気は急激に低下していった。それにスペイン風邪の流行が追い打ちをかけた。八月からドイツ軍側の退勢は明らかになりつつあり、まずブルガリアが九月三〇日（原内閣成立の翌日）に休戦協定に調印した。ついで一〇月三〇日にオスマン・トルコが、一一月三日にはオーストリア・ハンガリーが休戦を受け入れた。ドイツが休戦の意思を最初に示したのは、それ以前の一〇月三日のことであった。そのような敗戦への流れの中で、キール軍港における水兵の反乱をきっかけとして、ベルリンで労働者が蜂起し、社会主義運動の広がりの中で、ドイツ皇帝

図25　東京市の休戦記念祝賀会アーチ

の退位と帝国の崩壊（ドイツ革命）をもたらし、新たな社会民主党政権が生まれて休戦協定が結ばれたのである。

このようにして一〇〇〇万人の死者を生んだとてつもない大戦争が終結した。休戦協定が結ばれた一一月一一日は、欧州諸国にとって、今日でも第二次世界大戦の終わりを記念する日以上に大切な日であり記憶に刻まれている。

日本ではどのような反応が見られたであろうか。原は日記にそっけなく「我国は直接戦場に遠く、人民左までの感情なきも夫々《それぞれ》祝意を表する事となせり」（一一月一三日）と記しているが、大戦による世界思想の変化がもたらすであろう日本への影響について注意を払っていた。憲政会の加藤も、今回の戦争は「正義、自由、人道の勝利」、軍国主義・武力万能主義に対する「民本的政治の勝利、野蛮に対する文明の勝利、暗黒に対する光明の勝利」と総括した（「連合与国の戦捷を祝して」）。このような加藤の評価には、よりデモクラシーを重視していくことになる同党の政策的傾向を見ることができよう。このようにドイツ軍国主義の敗北や社会主義国家の登場は、日本国内におけるデモクラシー運動や労働運動の機運を高め、国内政治改革の潮流を促すものとなった。

パリ講和会議

第一次世界大戦の講和会議は、一九一九年一月一八日からパリで開催された。パリ講和条約（ヴェルサイユ条約）が調印されたのは、サラエボで銃声が轟いたちょうど五年後の六月二八日のことであるから、長い会議となった。会議には参戦諸国がこぞって参加したが、主要問題の討議はアメリカ、イギリス、フランス、イタリアに日本を加えた五大国によって進められた。特にアメリカのウィルソン大統領、イギリスのロイド・ジョージ首相、フランスのクレマンソー首相、イタリアのオルランド首相など、一国の責任者が全権として一堂に集う会議は壮観であった。いっぽうドイツは敗戦国として会議に参加することは許されず、まとまった条件を五月七日に提示され受け容れるしかなかった。革命後のソ連は参加しなかったが、ロシアの周辺国であったチェコスロバキアやポーランドが加わるとともに、カナダやオーストラリア、ニュージーランドのようなイギリスの自治植民地も代表を送っている。このことは、戦後の秩序がソ連抜きに形成されるいっぽう、ヨーロッパ民族主義の高まり、さらにはコモンウェルスにおける地域的利害が国際政治に反映される時代を迎えることになったという点で日本にも関係してくる。

五大国の一つになったとはいえ、日本のプレゼンスは、それほど大きくはなかった。日本は地理的に離れていたため、首相自らが出向くということはなく、元老で前政友会総裁の西園寺公望が一月一三日に全権団トップに任じられた。その他、牧野伸顕元外相、珍田捨己駐英国大使、松井慶四郎駐仏大使、伊集院彦吉駐伊大使が全権となった。西園寺は若い頃にフランスに留学したことがあり、クレマンソーと旧知の間柄であった。日本は重要会議に列したが、ほとんど発言しなかった。戦闘への参加が限定的だったことにもよろうが、会議に臨む方針そのものが、日本に利害を直接有する問題（具体的には旧ドイツ山東半島および南洋諸島権益）以外は、必要のない限り容喙《ようかい》しないという方針であったことにもよる。

講和会議の場は、各国が自国の利害をめぐって厳しく争う場であった。そのため会議にあたっては、各国の宣伝が華々しく行われた。会議には、各国から多くの政治家が集まるだけでなく、それ以上に多くのジャーナリストが集まって各国代表の発言や行動を注視し、報道合戦を繰り広げた。これは戦争中の自国宣伝と大衆動員報道を引き継いだものであった。たとえば日本全権団の一員には、後に首相となる近衛文麿《ふみまろ》が加わっていた。その近衛は、会議の場が予想していたものとはまったく異なったものであったことを、次のように述べている。講和会議が、一〇〇年前のウィーン会議のように、国民は少しも関係せず各国使臣が連夜大夜会を開くような「外交家の外交」の場ではなく、「大規模なプロパガンダが……重大なる役目を演じた」と述べる。そして日本のプロパガンダや外交官制度のあり方、世界的知識の養成の必要をはじめとして、日本外交の稚拙さを指摘した（『戦後欧米見聞録』）。

各新聞社からも有能な記者が特派され、会議の状況を現場感覚とともに日本に報道した。近衛と同様に記者たちが気づいたのが、会議における日本の存在感のなさであり、日本の立場を世界に宣伝することに立ち遅れているということであった。パリで新聞記者たちが抱いた不満は、国際協調を進めようという観点よりも、国際化社会の中でもっと日本の立場を主張すべきだというものであった。そしてそれは、原内閣の外交宣伝不足という批判となっていった。だが外務省もそのことには気づいており、たとえば『外事彙報《がいじいほう》』を発行して広報努力もしていたが、欧米諸国のように活発ではなかった。外務省に情報部が設けられるのは一九二〇年四月、正式には一九二一年八月のことである。

新外交

講和会議をリードしたのは、強力なパワーを有することになったアメリカであった。ドイツは休戦にあたって、ウィルソン大統領が前年一月に唱えた一四ヵ条を受け入れていた。一四ヵ条は、具体的な戦後処理のほかに、秘密外交の廃止、海洋の自由、軍備の縮小、植民地問題と民族自決に関する提議、国際的民主主義の理念にもとづく国際機関の創設などを謳ったものであった。これまでの帝国主義外交（旧外交）を否定し、正義人道にもとづく道義外交を提唱したものであり、国際連盟創設に見られる多国家間の民主主義、平和主義的外交を指向するもの（新外交）であった。ここに示されている民族自決主義は、東欧諸民族を念頭においたものであったが、中国や朝鮮半島における民族主義運動の昂揚を刺激していくことになる。ウィルソンの新外交については、現実的には国際政治は力によって動くものであって変わらないという否定的な見方もあり、どれだけ効力があるかは疑問のあるところであり、会議でも骨抜きになったことが多かった。しかし実際には、アメリカの存在感は大きかった。そして新外交理念は、日本に大きな影響を与えた。

明治末から大正の初めにかけての民衆運動を指導した言論人たちは、立憲主義の実現（→国民の政治参加の拡大、やがて民本主義となる）をめざしても、まだ対外強硬的・帝国主義的な色合いが強く、パリ講和会議に臨むにあたっても、日本の立場をいかに貫くかに関心があり、それができない政府を批判するというスタンスであった。つまりまだ一九二〇年代のような非軍国主義的で国際協調的なものをめざしていたわけではなかった。それは日本が唯一主導して提出した人種的差別待遇撤廃の提案が通らなかった時の不満に表われていよう。これは排日移民問題に対して提案されたもので、広く世界民族の人種平等を実現しようというものではなく、一等国日本としての体面にかかわる問題として出されたものであった。しかしイギリス自治領として代表団を送ってきていたオーストラリア、カナダが強く反対し、連盟規約に盛り込むことはできなかった。そしてそのことが、主張を貫き通すことができなかった牧野らに対して、軟弱外交であるという批判をまき起こすことになった。

いっぽうで、外交思想の潮流の変化を敏感に受けとめた人もあった。たとえばそれが浮田《うきた》和民《かずたみ》である。浮田は、明治初期にキリスト教に入信した熊本バンドの一員で、長く早稲田大学で政治学や歴史学を教えた学者であり、総合雑誌『太陽』の主幹として大正時代における論壇の中心的人物の一人であった。日露戦後の浮田は、日本の海外膨張や発展、植民地獲得などは否定しないものの（したがってその限界が指摘される）、国際的孤立をもたらす侵略的帝国主義は否定し、むしろその中で、倫理・道徳的要素を重視し、「国際社会に通用する大国民」を養成しなければならないとする「倫理的帝国主義論」を提示していた（姜二〇〇三）。しかし休戦直後の一九一九年一月には、日本は国家のありかたを再検討しなければならないと書くようになった（「文明改造の道徳的方面」『訂正増補新道徳論』）。大戦の結果わかったことは、これまでのような国家主義的思想では世界平和を成立させることはできない、従来のように自国のみを神聖となし他国を無視するようでは国際関係は成り立たないとして、新しい国際関係としての国際連盟に期待し、自国を愛するように外国を尊敬しなければならない、日本人は、世界の大勢に順応し、世界組織の一要素たるべき国民的性格を養わねばならないと説いている。

先述の近衛も、考えを新たにしている。近衛は、出発前に書いた「英米本位の平和主義を排す」という論文のなかで、英米の理想主義の背後には現状維持を便利とする利己主義があると述べ、講和会議を見た後にも、力の支配という原則は厳然として存在している、講和会議の組織は「大国の横暴を最も好《よ》く表現せり」と旧外交的観点の有効性を語っていた。しかし同時に、ウィルソンの理想はある程度まで講和会議の中心精神となり実現したとか、国民外交・公開外交の時代がまさに出現しようとしていることを感じたとか述べており、理想主義に一定の価値を見出している（『戦後欧米見聞録』）。

国際連盟と委任統治領

ウィルソンが唱道した一四ヵ条の中で、実現した最小限のものに国際連盟（League of Nations）があった。国際連盟は、規約の前文で、締約国は「戦争に訴へさるの義務」、各国間における「公明正大なる関係」国際法の原則により各国政府が行動することなどをうたい、それによって「国際協力を促進し且各国間の平和安寧を完成」することを目的としていた。具体的には、第八条で軍備縮少を進めることや、第一〇条で領土保全や侵略的行為への対抗、第一二条で紛争については仲裁裁判のような司法的解決あるいは連盟理事会の審査に付し、判決もしくは連盟理事会の報告後三ヵ月までは戦争に訴えないことを規定した。原加盟国は四二であったが、アメリカは上院の反対によって加盟しなかった。イギリス・フランス・日本・イタリアが常任理事国となった。しかし第二次世界大戦後の国際連合における常任理事国のような拒否権があったわけではなかった。理事会本部はスイスのジュネーブに置かれ、第一回総会が開催されたのは、だいぶ先の一九二〇年一一月のことである。第二次世界大戦を阻止できなかったように、効果に限界はあったものの、国際連盟の創設は、戦争を否定し平和を実現していこうとするステップにとっては重要な一歩であった。

連盟規約の第二二条に加えられたのが、委任統治という新たな制度であった。これは植民地獲得競争が、敗戦国となったドイツおよびトルコの支配地域におよぶことを避けるために考え出されたものであった。委任統治は、ＡＢＣの三種に分けられ、Ａ式は旧トルコ領、Ｂ式は中央アフリカの旧ドイツ領、Ｃ式は南西アフリカと太平洋諸島に適用された。受任国は委任された地域の「自立し得さる人民の居住するものに対しては、該人民の福祉及発達を計るは、文明の神聖なる使命」だとして、将来的な自立を助けるものとされたが、実際には従来の植民地と変わらなかった。日本は五月七日、赤道以北の南洋群島についてＣ式の委任統治を認められることになった。

こうして一九二二年四月一日に南洋庁が設置され、海軍による軍政は終わった。軍政下の一九一八年に設置されていた民政部を中心に、ドイツ時代の宣教師による教育に代えて日本語による教育を通じて島民の「文明化」を図った。同群島の産業開発については、松江《まつえ》春次《はるじ》の活動をあげることができる。松江は、東洋拓殖会社の支援を受けて一九二一年一一月サイパンに南洋興発を創立し、精糖業を同地に根づかせ、後にはテニアンにも精糖工場を拡大した。

2—東アジア民族主義運動の勃興と東アジア政策の転換

山東問題と五四運動

パリの講和会議で、日本は第一次世界大戦でドイツから奪った「戦果」の一つである南洋群島を「統治」することになったが、中国に関する問題は、波瀾含みであった。山東半島の旧ドイツ権益については、対華二一ヵ条交渉後に結ばれた条約によって、いったんは日本が引き継ぎ、膠州湾租借地については中国に返還するものの、その他の問題については戦争終結の結果として結ばれる講和条約の結果を中国政府が受け容れることが決められていた。しかしその後の中国の参戦により、中国も戦勝国となり、ドイツから租借地を直接還付される権利があると主張した。講和会議で日本は、山東問題については日本の主張が認められなければ国際連盟規約に加わらないという決心をもって臨み、四月三〇日に日本によるドイツ権益の無条件譲渡要求は承認された。日本

図26　五四運動の相談が持たれた北京大学紅楼, 中央の道路標識には五四大街と書かれている

はこれを受けて五月四日、約束通り山東還付を声明したが、同時に経済的特権と青島専管居留地設定の権利を留保することを付け加えることを忘れなかった。このような日本の出方に憤ったのが中国代表団であり、中国は講和条約の調印を拒否することになる。そして中国国内では、この講和会議の決定に対して、北京の学生たちが激しい抗議活動を行い、まもなくそれは中国全土の反日運動・日本商品ボイコット運動に拡大していくことになった。これは五四運動と呼ばれたが、これまでのような一過性の運動ではなく、中国民族ナショナリズムの勃興を示した事件として、中国史の転換点とされている。

朝鮮における三一独立運動

アジア民族運動の盛り上がりは中国だけではなかった。日本統治下の朝鮮においても、民族独立運動の烽火《のろし》があがっていた。三一独立運動である。講和会議における民族自決の流れが民族運動を刺激したことが要因であったが、直接的なきっかけは、一月に韓国の元皇帝高宗（李《イ》太王《たいおう》、一九〇七年ハーグ密使事件で退位）が亡くなり、三月三日に葬儀が予定されていたことにあった。

当時朝鮮軍司令官を務めていた宇都宮太郎が、騒動の勃発を知ったのは午後三時頃、朝鮮憲兵隊司令官児島惣次郎からの電話によってであった。数千から一万人以上の朝鮮群衆が、「独立の宣言書を撒布し、独立万歳を叫びつゝ、街路を練り行き」、一部は昌徳宮《チャンドククン》、大《テ》漢門《ハンムン》内にまで闖入《ちんにゅう》したので、歩兵七中隊、騎兵一小隊を使用して鎮静させたと記されている（『日本陸軍とアジア政策　陸軍大将宇都宮太郎日記』三月一日）。宇都宮の見るところによれば、事件が起こったのは不思議ではなく、これまでの日

図27　宇都宮太郎

本による朝鮮統治が「有形上の施設にのみ急にして、人心の収攬《しゅうらん》は丸で閑却《かんきゃく》し、第一鮮人を馬鹿にし、社交上（殆んど社交なく、殆んど没交渉也）にも、又た俸給や任用等にも極めて愚劣なる差別不公平を極めて無分別に現実し」た統治のやり方に起因するものであった。韓国併合以来の武断統治への不満が爆発したと解釈したのである。

三・一独立宣言書は、「我等は茲《ここ》に我朝鮮国の独立たること及《および》朝鮮人の自由民たることを宣言」するとともに、この行動が人道平等の大義にもとづくもの、民族自存の権利にもとづくものであることを訴え、「旧時代の遺物たる侵略主義、強権主義の犠牲となりて有史以来累千年初めて異民族箝制《かんせい》の痛苦を嘗《な》めてより茲に十年を過ぎたり。我生存権の剝喪《はくも》したる凡《およ》そ幾何《いくばく》ぞ」と、日本支配からの独立の正義を世界に向かって訴えていた。

あっという間に各地方に拡大した事件の鎮圧にあたっては、日本本国から軍隊の投入まで行い、力でねじ伏せたが、三一事件の衝撃は日本の植民地統治のあり方に一石を投ずるものとなった。宇都宮は、事件勃発以前から朝鮮民衆の待遇改善を提案していたが、事件後には「朝鮮時局管見」と題された意見書で、内地同様の府県制、遠き将来における憲法の実施を前提に、さまざまな改革をすることを提案している。現職の朝鮮軍司令官で陸軍大将という地位にある軍人が、このような発言をしていたこと自体が驚きであるとともに、いかに武断統治が抑圧的なものだったかを想像させる（だからと言って宇都宮が事態の鎮圧に手緩《てぬる》かったわけではない）。これが直接影響したわけではないが、原内閣は植民地統治政策の転換を図り、八月二〇日に朝鮮総督府官制を改正（台湾も同様）し、文官の総督就任を認めることによって、植民地における軍部の役割を軍事機能に限った。すでに八月一三日には、朝鮮総督として元海軍大臣の斎藤実が就任していた。新総督の斎藤は、これまでの強圧的統治に代えて「文化政治」を施していくことになる。

それ以前の四月一二日に、日露戦後に日本がロシアから譲り受けた遼東半島租借地について、関東庁官制が発布された。これにより関東都督府は廃止となり、これまでの陸軍の現役軍人に限られていた都督に代わって関東長官を置いて、租借地行政を担うことになった。植民地総督と同じように長官は文官にも開放され、外交関係については外務大臣の指揮監督を受けるとされた。そしてこれまでの都督府陸軍部は関東軍と改称された。ちなみに関東軍は、内地から二年交代で派遣される一箇師団と南満洲鉄道沿線に置かれた独立守備隊六箇大隊を隷属する部隊であった。

このように日本の植民地統治は、それまでは国内から自立し軍部の聖域である性格が強かったが、原内閣下において改革が図られた。また原は軍の持つ統帥権についても、参謀本部の独立性を抑制しようと試み、政府の軍に対するコントロール機能を高めようとした。その試みの一つが、一九二一年一〇月ワシントン会議に出席のため不在となった海軍大臣の事務を、海軍大臣事務管理という方法によりみずからが執ったことであった。

ところで原内閣で大きな転換がなされたのが、中国に対する外交政策であった。本来ならこれを先に述べるべきであったかもしれない。原内閣は、組閣約一ヵ月後の一〇月二九日に西原借款を、大局上日本の中国に対する立場を不良にし、中国政界一部の勢力を援助するにとどまるとして中止することを決定した。すなわち内政不干渉を方針としたのである。ちょうど大戦が休戦に入る直前のことであった。そして大戦の終結は、日本政府が列強諸国の意向を配慮せずにフリーハンドで対中国政策をリードできるという環境を奪った。

中国政策の転換

パリ講和会議を前にした一九一八年一二月八日の外交調査会では、これまでの干渉的対中政策から、中国政府の混乱回復と統一についての努力を信頼して、暖かく見守る方向へと転換することを決定した。パリの講和会議では実際にはそこまで進むことはなかったが、このさい「帝国の政策に新生面を啓《ひら》き新地歩を樹立」するために、治外法権の撤去や中国にある外国軍隊、特に日本軍の撤退などについて日本が率先して提唱し、それを実現するために努力することが「政治上経済上結局帝国に取り有利」だという議論がなされ、それが認められていた（『翠雨荘日記』）。一九二〇年に成立する新四国借款団への参加を決定して、日本単独で中国援助を進める方向から、国際協調による中国支援につとめることとしたのも、このような方針に沿ったものであった。

中国に対する内政不干渉政策は、中国の動乱を利用して日本が権益を拡大していくことを否定するものであった。しかしそれは、単に欧米列強からの日本批判を避けるためになされたものではなく、内政不干渉という姿勢を見せることが日中関係の好転をもたらし、ひいては日本の権益維持につなが

図28　武装解除された呉軍の武器（第二次奉直戦争，1924年）

ることになろうという積極的な論理を持つものでもあった。今後も日本が中国に対して影響力を保持するには、むしろ日本が主導してそのような政策をとることが必要になってくるという論理にもとづくものであった。そしてこれは、中国の独立と主権を尊重し中国の発展を期待するという、新たな対中政策への転換の一部分を構成していた。

中国では、北方軍閥間の争いに南方における革命勢力が絡んで、複雑な様相が継続していた。一九二〇年七月の安直《あんちょく》戦争の激化（段《だん》祺瑞《きずい》と呉佩孚《ごはいふ》との対立で、張作霖《ちょうさくりん》と結んだ呉軍が勝利した）、一九二二年四月から六月にかけての第一次奉直戦争（張と呉との対立、張の敗北）、一九二四年九月からの第二次奉直戦争（張の反撃、張の勝利）などである。日本は、満蒙への影響力を確保するという観点から、奉天を根拠地とする張作霖を支援しており、原内閣下でもそれは継続した。しかし万里長城以南の地域に関しては、日本が内乱に干渉し深入りすることは、列強諸国の同様な行動を誘発し、列強による中国分割を招く恐れがあったために別であり、干渉政策は避けられた。事実上の内戦下にある中国を国際管理にしようという列強の動きも、日本にとって不利であったから避けねばならなかった。とすれば日本が率先して中国の歓心を買うという手段も一策であった。

第一次東方会議

原内閣のアジア政策が鮮明に表われたのが、一九二一年五月一六日から開催された東方会議であろう。後に田中義一内閣によってなされた第二次東方会議の方が有名であるが、それとは異なる。先行研究によれば、この会議には、朝鮮（斎藤実総督・水野錬太郎《れんたろう》政務総監・大庭二郎朝鮮軍司令官）や関東州（山県伊三郎《いさぶろう》長官・河合操《みさお》関東軍司令官）統治に深くかかわる責任者、中国関係有力者（小幡酉吉《おばたゆうきち》駐華公使・赤塚正助奉天総領事・由比光衛《ゆひみつえ》青島守備軍司令官）および立花小一郎浦塩《ウラジオ》派遣軍司令官などが集められて、シベリアおよび東アジア政策が討議された。対外政策の調整が図られたという点では、国防会議構想や防務会議、臨時外交調査委員会を引き継ぐ側面があったが、現地の責任者が参加して内閣の閣僚と共に会議を持ったという点では、軍政関係が分裂する傾向を改めて内閣主導のもとに対外政策の統合を進めようとしたものである。参謀本部の責任者は参加していないものの、会議前に原首相は山県有朋と会見し内諾を得ていた。

　この会議では、まずシベリアからの撤兵方針が決定された。一九二〇年四月のアメリカのシベリア撤兵完了を受けて、すでに日本の出兵範囲は東支鉄道沿線・ウラジオストック周辺の沿海州と、新たに出兵が行われた朝鮮と中国国境の間島地域に縮小していたが、尼港《にこう》事件に関連して保障占領をしていた北樺太を除いて撤退することとされた（実現は遅れた）。間島方面における警備は巡査が行うこととされた。二つ目が、山東鉄道沿線からの撤兵と山東鉄道合弁交渉が決められたことであった。さらに三点目として、満蒙政策について、特殊利益を有することを前提としながらも、排他独占の方向に走ることは得策でないとし、同地域を支配している張作霖支援をするものの、張が中国の中央政界に

「野心を遂くる」ことについては援助しない、つまり国際協調と中国本土に関する内政不干渉方針が決定されたのである。この他にも決定されたことはあるが、ここでは略す。

東方会議での決定は、その年の暮れから開催されたワシントン会議で更に徹底されることになる。原は会議開会直前の一九二一年一一月四日に暗殺されており、時期的には次の高橋是清内閣期にかかるものだが、路線は原内閣で決定されていたので、ここで述べておこう。

ワシントン会議

一九一九年のパリ講和会議の主要問題はドイツの敗戦処理であり、したがってこれによってできあがったベルサイユ体制は、主としてヨーロッパの戦後体制を規定するものであった。アジアに関する問題について議論されなかったわけではないが、合意成立のために中国問題は切り捨てられた形となっていた。ワシントン会議は、アメリカのハーディング大統領から発議されたもので、第一の議題は海軍の軍縮問題であった。日本は議題を軍備制限問題に限定したかったが、会議が開かれると、東アジアおよび太平洋の問題が大きく扱われることになった。一九二一年一一月一二日から翌年二月六日まで開かれた会議の参加国は、日米英仏伊の五大国にベルギー、オランダ、ポルトガル、中国を加えた九ヵ国であり、四ヵ国条約（一二月一三日）、ワシントン海軍軍縮条約（二月六日）、九ヵ国条約（二月六日）が結ばれた。このほか九ヵ国条約調印前に、日中間に山東懸案に関する条約が、二月四日に結ばれたことが重要である。日本の全権は、加藤友三郎海軍大臣、幣原喜重郎《しではらきじゅうろう》駐米大使、徳川家達貴族院議長、埴原正直《はにはらまさなお》外務次官であった。

ワシントン会議では、平和主義・国際協調主義、中国に対する不干渉主義・領土保全主義などの合意形成がなされ、一九二〇年代の国際協調および軍縮、中国内政不干渉政策を基調とする国際秩序を形成した。新しくできあがった東アジア秩序はワシントン体制と呼ばれている。ただし会議には、社会主義国のソ連は参加しておらず、帝国主義列強間の現状維持的な取りきめで中国の犠牲の上に成り立っているという性格も強かった。したがって後にソ連の力が復活してきたり、中国ナショナリズムが昂揚し革命外交が唱えられてくると、体制は動揺することになる。

四ヵ国条約とワシントン海軍軍縮条約

辞書的になるが、ワシントン会議で結ばれた条約について説明しておこう。四ヵ国条約は、日米英仏の四ヵ国が太平洋における現状維持を約束し合ったもので、それぞれの有する太平洋諸島における諸権益を相互に尊重し、争議が起こったさいには共同会議の議に付すべきだと定めていた。ちょうど期限が迫っていた日英同盟は更新されなかったため、四ヵ国条約と交替する形となった。しかし軍事同盟と単なる協約とでは重みがまったく異なり、日本は外交関係の基軸となる同盟国を失った。

海軍軍縮条約は、第一次世界大戦後における平和主義の潮流に沿ったものであり、長く軍拡競争を続けてきた列強各国にとって画期的なものだった。各国とも軍拡を継続していくことは経済的に苦しく、日本も一九一八年以後の軍事費が国家予算の五〇%以上を超えていた。英米日仏伊の主力艦保有割合を、英米の五に対して、日本は三、仏伊は一・六七と定め、今後一〇年間にわたる建造を禁止したものである。

日本が軍縮条約などの諸条約を受け容れた要因としては、ロシア崩壊に引き続いて日英同盟が廃棄され国際的孤立へ向かい始めていたこと、外交的にはアメリカとの関係は悪かったが、経済面における日米関係は重要化しつつあり、アメリカは日本の最大の輸出相手国であって、日本経済のアメリカ依存が高まっていたことにより、アメリカとの関係を破綻させるわけにはいかなかったことなどが関係していた。たとえば紡績業においてアメリカへの輸出割合は、第一次大戦中に増大し、こちらも五〇%を超えていた。ちなみに中国向けは一〇~二〇%であり、他のアジア方面も同様であった（安藤一九七九）。

山東問題の結末と九ヵ国条約

会議に臨む原内閣の方針は、アメリカの対中国外交原則である門戸開放政策は受け容れるものの、日本の既得権益は擁護し、中国との二国間の問題を会議の議題とすることは避けるというものであった（七月二二日閣議決定）。逆に中国代表団は、山東問題を会議の俎上《そじょう》に乗せて日本を牽制するとともに、列強諸国が中国に有する諸権益を少しでも削減させるという方針で臨んだ。会議では、この中国の方針は受け容れられなかった。ただし門戸開放・機会均等・領土保全というアメリカの原則に各国は同意し、既得権益については現状維持の合意がなされた。九ヵ国条約の第一条で、中国の主権と独立、ならびに領土的および行政的保全を尊重するという中国への非侵略主義を謳っており、これは日本の大戦中の行動を否定するものであったが、これとて日本の南満洲権益を否定するものではなかった。このような性格を有するものであったので、日本やイギリスのような既得権益を有する国々も同意できたのであった。

いっぽう山東懸案に関する日中条約は、日本の要求が通り列国会議の議題とはならなかったが、英米代表者の斡旋によって日中間の直接交渉が進められた。ただしオブザーバーという形で英米の代表が参加しているので、実際には九ヵ国条約の前提であり、会議に組み込まれていたと言えよう。この条約により、済南鉄道および支線に駐屯する日本軍および青島守備隊の撤退、ドイツから奪った租借地の還付が決定された（日本がこだわっていた青島専管居留地の設定は、すでに放棄の声明がなされていた）。

戦略的な「新外交」への対応

さて最後にこれまで余り注目されてこなかった、中国本土における外国軍駐屯問題について言及しよう。これは列国の中国に有する諸権益を少しでも削減するという方針で臨んだ中国政府に、日本が前向きに対応したものである。

日本は辛亥革命以来、中国の中央部に位置する漢口に駐屯軍を派遣していた。これは条約上根拠のないものであり、長く中国政府から抗議を受けていた。また列強諸国は、北清事変以後、北京最終議定書にもとづき華北（北京・天津）にも駐屯軍を置いていた。中国代表団は、回収すべき権益リストにこれを加えており、会議の席上でも言及したが、会議では、これに関する決定は何もなされなかった。

この要求に関して、すでに記した（本書一一七頁）ように、一九一九年のパリ講和会議に臨むさいに日本は、漢口駐屯をやめることが日中関係の改善にとって有益に働くであろうという認識を持っていた。この方向性は講和会議以後にも継続され、一九二一年七月二二日の閣議と臨時外交調査会では、中国に対する平和的・開放的政策に関して、治外法権や勢力範囲の漸進的撤廃、外国軍隊の撤退や義和団事変賠償金の拋棄のようなものは、「今次の機会を捉へて之を提唱すること」が得策だと決定された（「太平洋及極東問題ニ関スル国際会議ニ対スル方針」）。そしてワシントン会議後の一九二二年六月末に、漢口からの駐屯軍撤退がなされた。またこの時には、それにとどまらず、華北における駐屯軍を撤退させるという閣議決定までなされている（五月三〇日）。これは第一次世界大戦中の行動により悪化した日本の国際的立場を回復するために、日本が率先して中国に対して好意や恩恵を示すことにより対中政策を有利に導こうとする方向に転換しつつあった外務省や陸軍の姿勢の表われであった（「漢口駐屯軍撤退ニ関スル件」一九二二年四月二〇日）。また外国軍が北京周辺に存在する方がめざわりであり、地理的に日本はいつでも派兵ができるので、いったん撤兵した方が有利だと考えられる側面もあった。だがイギリスは消極的であり、それを日本単独で行うことは国際協調から逸脱する可能性が高かったために、強くは主張せず実現せず単独で減兵するにとどまった。しかしこれは、日本がワシントン体制を利用して新たな道を探っていた動きの一端であったといえよう。

ワシントン体制とは何か

ふつうワシントン体制は、アメリカが主導して構築された新外交の枠組から理解される。しかし体制が、実態として機能していたのかどうか、あるいはイギリスから見た場合は有効ではないのではないかという議論も行われている。筆者は、これについて、東アジアの外交システムとしてのワシントン体制は、多層的・複合的な要素によって成立していると考えたい。

その基層にあるのが、北清事変後の一九〇一年に列強諸国と清国との間に結ばれた北京最終議定書にもとづく列強諸国外交団と中国との関係であった。すなわち義和団賠償金や駐屯軍、中国政情一般について、列強諸国が、公使団や司令官会議、清国総税務司などでの議論を通じて国際協調していくという従来からの慣行である。その慣行は、一九一一年の辛亥革命時の混乱への対応を通じて、議定書の再確認がなされ、アメリカが関与を深めることによって強化された。これは旧外交に属するやり方であった。第一次世界大戦中に、この仕組からロシアとドイツは脱落したが、中国をめぐる列強諸国の強調動作は、大戦後のワシントン会議での諸条約によって修正され、新外交思想により理念的に包摂され継続したものである。一九二〇年代の新外交思想にもとづく国際協調主義は、東アジアだけではなく、国際連盟に見られるように全世界におよぶものであったため、中国政策に限定されるものではなかったが、日本にとって圧倒的に大きく関係したのは中国問題であった。したがってワシントン体制というのは、基盤としての旧外交の継続という側面と、理念としての新外交が重なり合っていたといえよう。上の概念図参照。

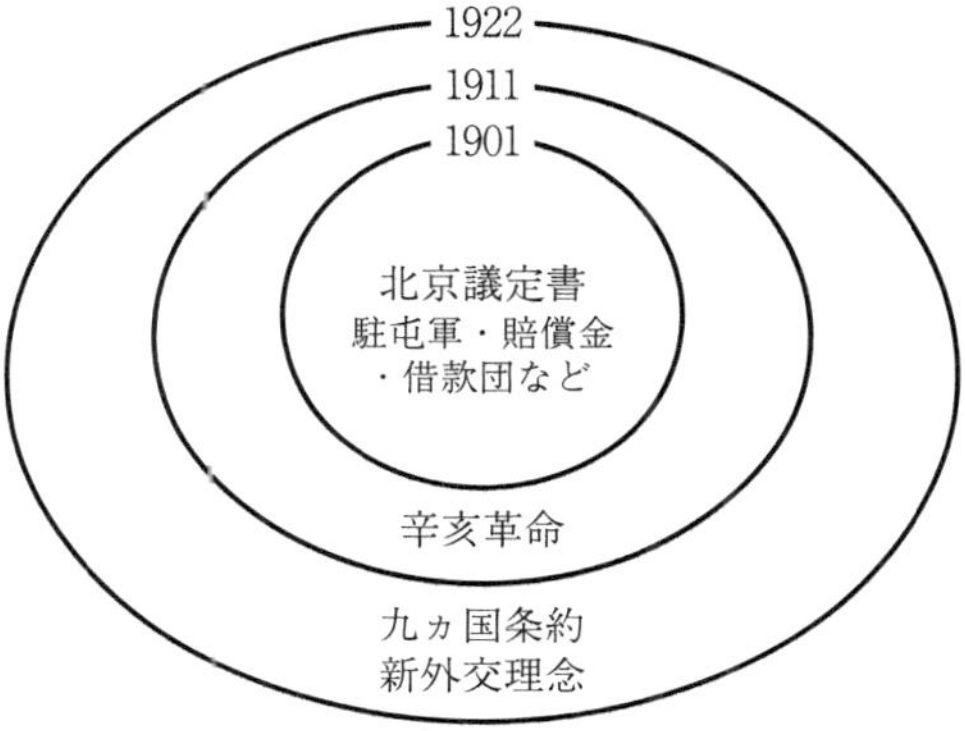

図 29　中国をめぐるワシントン体制の形成と構造

3―原内閣の限界

四大政綱による内政の展開

さて内政に目を転じよう。政友会は選挙に臨むにあたって、従来から政策を掲げて来なかった。これはその時々の課題や政治状況に応じて柔軟な対応をするという現実主義にもとづくものであったが、決して政策がなかったわけではない。全体的には財政上の積極主義と、地方政策における公共投資の促進という側面における積極主義を基本的な方針としていた。原内閣のもとでも、高等教育の拡充、産業および通商貿易の振興、鉄道を中心とする交通通信機関の整備、国防の拡充を四大政綱として掲げた。

高等教育の充実とは、経済界・産業界の発展により高等技術や知識を身につけた人材が求められるようになったことに対応したもので、一九一八年一二月に大学令・高等学校令が出され、私立大学や私立高等学校の設立が認められた。これまで大学を名乗っていた私立の高等教育機関もあったが、それは公式のものではなかった。早稲田大学や慶應義塾大学が大学として認められたのはこの時である。さらに官立として新たに一〇の高等学校、一七の実業専門学校などが設けられた。

交通の拡充については、鉄道建設計画の前倒しがなされ、新たな鉄道敷設計画が立てられた（鉄道敷設法改正は次の高橋内閣の時に成立）。また道路法が制定されたのも一九一九年のことであった。国防問題に関しては海軍拡張を優先させて八・八艦隊の完成をめざした。しかし軍事費の拡大は国家財政を圧迫したので、前述のようにワシントン会議での海軍軍縮につながっていく。以上のような積極主義的な施策により、国家財政は一般会計予算において、一九一九年度の約一〇億六〇〇〇万円が、一九二二年度には約一五億円へと、一・五倍に膨れあがった。

野党である憲政会の首領加藤高明は、原内閣が成立したとき、政党内閣が成立したことを評価し歓迎したが、同時に政友会が従来の党利党略を図るような態度を改めることを求めた（「新内閣に対する吾党の態度（在京代議士会）」『憲政』一巻三号）。政党政治の本来の姿は、政策を堂々と構えて争うことであり、政友会が白紙主義を採り、その時々の政局に応じて有利な方向を選択してきたことを批判した。党利党略ということについては、鉄道の建設や高等教育機関の増設を党勢拡張政策に利用していると いうことであった。また予算の膨張を批判し、戦争の終結にともなって経済状況に変化が起こることに備えるべきだとした（「現下の内治外交（東北大会）」・「加藤総裁の演説（関東大会）」『憲政』二巻四号・六号）。

改造同盟

原内閣の外交方針は「世界の大勢」に順応しようとするものであり、その大勢とは外交面での協調外交であった。しかし原内閣に対する批判も、「世界の大勢」に沿っていないというものであった。第三章で少し言及した長島隆二という政治家は、パリ講和会議を視察して帰国後、自分が日本を出て感じたことは、世界を支配する思想が変化した、それは圧迫された人種の反抗であり、社会主義国家の出現であり、ヨーロッパにおける大勢の変化は「国民の為《た》めにする政治、国民に依《よ》る政治」の実現だと観察される、このような内政上の変化にいち早く対応することこそが、ひいては国際競争力を増進させることにつながり、今後の日本の世界戦略上必要なことだと感じたと述べている。ここで長島が指摘する「世界の大勢」とは、デモクラシーの実現を意味する内政的な変化から生じるものであった。原内閣は普通選挙に反対であるので、原の言う大勢への順応は自分の見るところと違っていると衆議院で演説している（一九二〇年一月）。世界の大勢に従わなければならない、つまり受け容れねばならない国際化の内容と、その実現の度合いと方法が、この二人では異なっていた。

パリにおける日本の講和外交を見て憤慨したのは長島に限らなかった。パリ講和会議に取材や視察のために赴いた政治家・ジャーナリストの間で、日本政治を変えねばならないという気運が起こった。日本の政治は、老朽の人間が支配しているというのである。そこで在パリ日本人大会で、旧日本を葬り新日本を創造するために普通選挙の実現を期すことが決議され、それらの人々が中心となって帰国後「改造同盟」が結成された（『政界革新の説』）。改造同盟の中心は馬場恒吾《つねご》・鈴木文治・中野正剛・永井柳太郎らが担った。改造同盟は、普選実現のほかに、華士族平民の差別撤廃・官僚外交の打破・民本的政治組織の樹立・国民生活の保障・労働組合の公認・税制の社会的改革・形式的教育の解放・新領土統治の刷新・宮内省の粛正・既成政党の改造などを目標に掲げて活動を開始した。その統一的スローガンが普通選挙の実現であり、それを実現するため政友会の打破と野党の再編（憲政会・国民党に中立・無所属を加えた非政友諸派の合同）を目標に掲げた。改造同盟に集ったメンバーは、憲政会の非幹部派や国民党に近い者達であり、やがて彼らは憲政会を飛び出していくことになる。

改造思想・革新思想

改造同盟は、社会改造をめざす大正期におけるさまざまな運動の一つであった。運動の中心を担ったのは、ジャーナリズム界や大学に在籍する学生あるいは高等教育機関を出たばかりの知識人であり、彼等は大衆社会状況の出現に対応して民衆を組織化しようとした。その代表的なものが、一九一八年一二月に結成された黎明会《れいめいかい》と新人会であった。ともに民本主義（前章参照）を唱えた吉野作造と、自由主義的経済学者で社会政策学者福田徳三《とくぞう》の影響を受けた団体であった。黎明会は「一、日本の国本を学理的に闡明《せんめい》し、世界人文の発達に於ける日本独特の使命を発揮すること。二、世界の大勢に逆行する危険なる頑冥《がんめい》思想を撲滅すること。三、戦後世界の新趨勢に順応して、国民生活の安固充実を促進すること」を綱領に掲げ、今井嘉幸《よしゆき》、新渡戸《にとべ》稲造《いなぞう》や大山郁夫《いくお》、森戸《もりと》辰男《たつお》らの知識人が講演会と雑誌発行を通じてデモクラシー思想の普及に努めた。

新人会は東京帝国大学の学生を中心とする団体で、「一、吾徒は世界の文化的大勢たる人類解放の新機運に協調し之れが促進に努む。二、吾徒は現代日本の合理的改造運動に従ふ」という綱領を掲げていた。後に無産運動の指導者となる赤松克麿《あかまつかつまろ》や宮崎滔天《とうてん》の息子である宮崎龍介《りゅうすけ》（柳原白蓮《びゃくれん》との駆け落ちで有名となった）が中心となって旗揚げをした。会員として後に著名となった人物に、佐々《さっさ》弘雄《ひろお》、嘉《か》治隆一《じりゅういち》、三輪《みわ》寿壮《じゅそう》、蠟山政道《ろうやままさみち》、それに麻生久《あそうひさし》などがいた。機関誌は『デモクラシイ』で、弁論を通じて活動したが、すぐに労働運動にかかわっていくことになった。友愛会が、八月に大日本労働総同盟友愛会と改称して労使協調路線から戦闘的な労働組合に変わっていくきっかけは、麻生の友愛会入りにあった。新人会に影響されて、早稲田大学に民人同盟会や建設者同盟も創設された。

いっぽう第一次世界大戦後のデモクラシー思想や社会主義運動の拡大に危機感を抱いた国家主義系統に属する団体も、社会改造をめざした。老壮会は、黎明会と同時期にできた団体で、アジア主義者である満川亀太郎《みつかわかめたろう》を中心にして組織された。海軍中将上泉徳弥《かみいずみとくや》、陸軍中将佐藤綱次郎などの軍人、島中雄三《ゆうぞう》、大川周明《しゅうめい》、川島清治郎などの思想家・大陸浪人などが集まり、普通選挙に反対し、軍国主義・国家主義的主張を行った。しかしいっぽうでは、社会の貧富の格差の解消や社会政策の実行を求め、「真のデモクラシー」をめざすべきだとして、しだいに社会主義者と接近していった。同会の会合では、高畠素之《たかばたけもとゆき》や北原龍雄、堺利彦のような社会主義者が講演している。いわゆる国家社会主義的な団体となった。それが発展したのが一九一九年八月の猶存社《ゆうぞんしゃ》であった。猶存社には、大川周明や北一輝《きたいっき》が加わり、さらに一九二三年の行地社《こうちしゃ》に引き継がれていく。

普通選挙運動

この時期の政界の最大問題は、普選問題であった。明治末から低調になっていた普通選挙運動は、一九一七年後半から徐々に復活し、一九一八年夏の米騒動以後に再活発化していく。一九一九年一月、中村太八郎らによって普通選挙期成同盟会が再興され、同月の黎明会の講演会で今井嘉幸が普選実現を強く訴えた。政界でもっとも普選に積極的であったのが国民党の一部議員であり、憲政会でも非幹部派の島田三郎や尾崎行雄などが、国民党議員と連携して運動化していった。いっぽうで加藤をはじめとする幹部派は、まだ普選を主張したわけではなかった。選挙権を二円以上の直接国税納入者に引き下げて有権者の拡大を図るという、選挙権の拡大案を提出するにとどまった。国民党も二円以上への引き下げを党議とした。原内閣は、これに対抗して選挙権資格を三円以上に引き下げ、小選挙区制を導入する案を議会に提出して通過させた（一九一九年五月公布）。

その後の一年間にわたって、普選運動が大規模に展開されたことを受けて、憲政会も一九二〇年一月に普選論へ転換し、普選法案を議会に上程した。ただしこれには「独立の生計を営む者」が条件としてつけられていたところには、まだ普選に消極的な幹部らの姿勢が表われていた。これが憲政会内の非幹部派との意見対立をもたらし、急進派の一部の脱党をもたらしていくことになる。加藤も普選の必要性を説いていたが、それは階級闘争の激化を懸念してのものであった（「加藤総裁演説要旨」）。

一九一九年末の衆議院の議席状況は、政友会が一六四議席と比較的多数であり、それに対して野党の憲政会が一一七、国民党が三〇であった。その他・無所属が七〇議席であり、これには以前の寺内内閣を擁護していた議員もかなり含まれていた。原の計算によれば、約二〇票の差で普選案は否決できる見通しであった。しかし野党再編への動きもあり、原は機先を制して一九二〇年二月二六日に議会を解散した。五月に行われた改正された小選挙区制の下での総選挙の結果、政友会は二七八人を当選させた。議員定数が八三人増加している中で、憲政会が一〇九議席と数を減らし、国民党は少し増やして四八議席を獲得したものの、無所属も四八人と減っているので、政友会の圧倒的勝利であった。都市部では憲政会・国民党は善戦したが、農村部での政友会は強かった。これにより政友会の議会運営は盤石なものとなり、普選運動の一時的停滞をもたらすとともに、憲政会を苦境に陥れ、その内部抗争を激化させた。

諸社会運動の勃興

改造同盟が政治・社会を改造すべきとして掲げた諸項目は、第一次世界大戦中から戦後にかけて運動化されていくものばかりであった。普通選挙については別に述べたので、ここではこの時期に顕著となった、それ以外の社会運動を取り上げておこう。

第一次世界大戦中に日本の国内産業は活性化し、労働運動の昂揚をもたらしたことは、すでに前章で言及した。この動きはパリ講和会議において、国際労働機関（ILO）が設置されたこと、労働組合結成の自由や、最低賃金制・八時間労働制導入を定めた労働一般原則が国際連盟参加国に要請されたことによって加速された。一九一九年以後の労働運動は、団結権と参政権要求を中心にして盛りあがっていった。大日本労働総同盟友愛会の主催する最初のメーデーが開かれたのは、一九二〇年五月二日のことであり、約一万人の労働者が集まった（図30）。

政友会の勝利によって政界は安定したものの、争議の頻発などにより社会的な不満は高まっていたのであり、それが既成政党勢力を中心に動いている政治体制への、議院外における批判につながっていた。もっとも原内閣が何も対策を取らなかったわけではない。物価騰貴や労働運動の激化・失業問題などに対して、一九二〇年八月には、前年設けられた内務省社会課が社会局に格上げされ（一九二二年に外局となる）、米騒動対策として公設市場が設けられたほか、中央職業紹介所が設置され職業紹介法が公布されるなどの社会政策が開始された。労働問題に対しては協調会が設立された。また思想対策としては、民力涵養《かんよう》運動が行われ、国民思想の「善導」が図られたが、どれも社会の急激な変化に追いつけていけなかった。救貧対策として、現在の民生委員の起源である方面委員が大阪で初めて設けられたのは一九一八年のことであった。公設市場や簡易食堂なども設置された。

目を農村に転じよう。前章で米騒動の原因に米価の急激な高騰があったことを述べた。この高騰は地主経営者に恩恵を与えることになり、大きな利益をもたらした。いっぽうで小作人の不満は高まり、その権利や地位向上をめざす運動が始まり、小作人組合が組織され小作争議も徐々に増加した。こう

図 30　日本最初のメーデー

図 31　東京に設けられた公設市場

して小作問題がようやく意識されるようになり、賀川豊彦《かがわとよひこ》や杉山元治郎《もとじろう》により初の全国的農民組織である日本農民組合（日農）が創立されたのは一九二二年四月のことであった。日農は土地返還や小作料減免要求を掲げて小作争議を指導した。

かたや農本主義運動も盛んになった。これには農学者の横井時敬《ときよし》や帝国農会幹事となった山崎延吉《のぶよし》のような小農を保護して地主制の安泰を図ろうとするものと、権藤成卿《ごんどうせいきょう》のような農村を国の基礎とし反都市的な国家主義に結びつくような動きがあった。東京帝国大学教授の横井は農村改良を指導し、山崎は家族主義にもとづく農村自治と農民道を説いた。後者の権藤は、国家主義団体黒龍会や満川亀太郎の老荘会の結成に加わった人物であった。

部落差別が社会問題となり部落解放運動が起こったのも、この頃からのことであった。一九二二年三月に開催された全国水平社創立大会は、綱領として特殊部落民の解放、経済の自由と職業の自由の獲得、人間性の原理に覚醒し人類最高の完成に向かって突進することを掲げ、「全国に散在する我が特殊部落民よ団結せよ」と宣言で訴え、侮辱する言行に対して徹底的な糾弾をなすことなどを決議した。水平社の運動は、急速に全国各地に広がっていった。

女性運動の勃興と新婦人協会

日露戦後から大正初期にかけて、個人的価値を追求することを是とし、非国家的価値を問い直そうとする動きが起こっていた。夏目漱石の小説に登場する主人公たちは、社会の中で煩悶《はんもん》し苦悩する人々であった。一九一一年九月『青鞜《せいとう》』創刊号に平塚らいてうが「元始《げんし》女性は太陽であつた」という論説を寄せ、「女性の自由解放」（偉大なる潜在能力を十二分に発揮させること）を叫んだ。その手段としてあげられていたものは、高等教育を受け、広く一般の職業に就かせ、参政権も与え、家庭という小天地から親や夫という保護者の手から離れて独立の生活をすることによってであった。それが「新しい女」と呼ばれる女性たちの基層となった。

このような動きは、都市化の進展とともに、女性が、それまでの製糸工場の女工や小学校の女教師、女中さんから、事務職員やデパートの店員・電話交換手などに進出し始めたことが加速させた。欧米で世界大戦時に、男性の総動員によって足りなくなった職場に多くの女性が進出していたことも影響した。平塚は一九一八年の文章で、「欧州に於ける婦人問題の最も重要な中心問題は結婚制度の改革」であるとし、結婚制度の不完全なために私生児を持つ母親たちが苛酷《かこく》な目にあっていると述べて、国家が私生児やその母親を保護することが社会のため全人類のため必要だと主張した。これに対して与謝野晶子《よさのあきこ》は、女性の自立・解放のためには、女性は他に依頼し保護されることを拒否すべきだとした。これが母性保護論争と呼ばれるものだが、このような論争が『婦人公論』誌上においてなされたところにも、女性の社会的進出が現実問題となっていたことを見ることができよう。

一九二〇年三月には、婦人の地位向上を求めて平塚らいてう、市川房枝、奥むめおらが新婦人協会を発会させ、その綱領として男女の機会均等、男女同権、家庭の社会的意義の闡明《せんめい》、婦人・母・子供の権利の擁護と利益の増進を綱領に掲げた。宣言では「婦人としての、母としての権利の獲得のため、男子と協力して戦後の社会改造の実際運動に参加すべき」だとして婦人の団結を訴えた。新婦人協会は、その前月に女性の政治的活動を禁じていた治安警察法第五条の改正請願を衆議院に行い、一九二

図 32　18 歳の誕生日，成年に達し参内する皇太子

二年には改正に成功した。協会はその年の一二月に解散されたが、婦人の政治的参加を要求する動きは、一九二四年一二月の婦人参政権期成同盟結成（一九二五年に婦選獲得同盟と改称）へとつながっていった。

大正天皇の病状

大戦による経済的変動や、大戦後の思想的新潮流によって、社会が激変し始め不安定化し、それが民間の社会的諸運動を活発化させたということであったが、体制内においても、明治立憲制を揺るがせかねない不安定な事態が生じていた。それは大正天皇の健康問題であった。原敬は慎重な態度でこの問題に取り組み、まだ若い皇太子をもり立てながら大正の天皇制を安定化させる道筋をつけることに成功した。この時期、第一次世界大戦によって大日本帝国憲法が模範としたドイツの君主制が倒れただけでなく、ロシア革命が起こりソ連という君主制を否定する社会主義国家が成立したことは、日本にとってはある種の君主制の危機と受けとめられるものであった。前章で、敵性外国人取り締まり体制が、社会主義流入への取り締まりを契機に厳しい体制として構築されていったことについて言及したが、日本人についても同様であった。すでに大逆《たいぎゃく》事件後の一九一一年には特別高等課が警視庁に置かれ、特別要視察人視察内規も制定されており、さらに社会運動の高まりに対応して一九一七年には取り締まり機構の拡充がなされ、社会主義運動への警戒が強められていた。

大正天皇の職務遂行についての懸念が大きくなったのは、原内閣成立の頃からのことであった。原は日記に、帝国議会開院式欠席の理由を病気のためであり、それは国家にとって憂慮に堪えないことであると記している（『原日記』一九一九年一二月二五日）。社会に向けて天皇の病状発表が初めてなされたのは一九二〇年三月であった。そこで代役として期待されクローズアップされてくるのが、皇太子だった。裕仁親王は、一九一四年から東宮御学問所で、将来天皇になる教育を受けながら育っていた。立皇太子礼が行われたのは、一九一六年一一月であり（皇太子満一五歳）、一九一九年四月二九日には成年に達した。

皇太子訪欧と宮中某重大事件

しかし世間から隔絶された閉鎖空間であった東宮御学問所での教育は、箱入り教育であり、社会性に欠けるという心配が、山県や西園寺などからあがり、海外を見聞させるという計画がもちあがってくることになった。貞明皇后の反対などがあり、実現には困難がともなったが、一九二一年二月二八日に東宮御学問所修了式が行われた後、三月から半年の洋行に出かけることになった。原は将来の皇室のあり方について、より立憲主義的なものとなることを理想と考えており、それには皇太子の洋行が資すると考えていただけでなく、皇太子が海外事情を「御視察あると云ふ事は、国民感情の上に大切の事に」（『原日記』一九二〇年一二月八日）と記しているように、それは単に皇太子一身上の問題にとどまらず、世界に対して日本国民が目を開く上でも必要と考えていたようである。

皇太子の洋行実現以前に、もう一つ皇太子をめぐる大きな問題が起こっていた。それは宮中某重大事件と言われるものである。これは皇太子の結婚相手として一九一九年六月に久邇宮邦彦王《くにのみやくによし》の第一王女の良子《ながこ》が内定したが、良子の家系（島津家）に色覚異常の遺伝があることが発覚し、山県が久邇宮家に婚約内定の辞退を求めた事件であった。問題が大きくなるのは一九二〇年一一月以後のことである。色覚異常のある者は軍人になれない決まりがあり、もし将来天皇の地位に就く皇族男子に色覚異常があれば、大元帥として軍を統率できなくなることを恐れたのであった。久邇宮は、皇室に関することでいったん決定したことを軽々しく変更することはあり得ないとして反対した。このような問題が起こっていることが秘かに伝わり、右翼・浪人らの山県を攻撃する動きとなった。結局は、翌年二月一〇日夜に内定に変更がない旨が通達された。しかしその責任を取って中村雄次郎宮内大臣は辞任し、山県は枢密院議長など一切の官職と栄典を辞すことを申し出た。山県の辞表は却下されたが、山県の宮中における影響力は衰え、中村に代わって宮内大臣に就任した牧野伸顕に連なる薩派の影響力が高まっていくことになる。

皇太子は、一九二一年三月から九月までの半年間、軍艦香取《かとり》で各国を巡遊した。この洋行は皇太子教育の場となった。皇太子が外国を訪問することは、公的な責任をともなう行為であり、外交の場でもある。諸外国との交際には、マナーと会話術は必須である。軍艦香取に乗艦した頃の皇太子には、それが欠けていた。そのため行きの長い航海で、基本的なところからたたき込まれることになった。

スポーツも、日本にいた時には、相手をはばかって皇太子を負かすものはなかったが、艦内では正々堂々と勝負が行われ容赦されなかった。こうして皇太子の判断力や個性が磨かれていった。その上でのイギリスからフランス・ベルギー・オランダ・イタリア歴訪中における各国皇室や貴賓《きひん》との交際は、その実地研修の場となった。そしてスピーチは、堅いたどたどしい文語調の形式的なもの、しかも声量のないものから、抑揚をつけた堂々とした話し言葉に変化した。鍛えられた皇太子は、見事に成長を遂げたのである。そして帰国後の一九二一年一一月二五日、二〇歳の皇太子は摂政《せっしょう》に就任した。良子女王との結婚は、もう少し先の一九二四年一月二六日のことである。晩年の昭和天皇は往年のヨーロッパ体験を、「英国で初めて人としての自由を知った」と述べ、英国の立憲君主制に大きな印象を受けたと語っている。

さらに皇太子の訪欧は、送った側の人々にとっても世界を知る機会となり、訪問先にとっても日本に親しむ機会となった。日本人一般にとって、まだまだ海外旅行は遠いものであったが、皇太子訪欧の記事は世界を知らせる良い機会を提供した。一九二九年から日本郵船の大型ディーゼル船がサンフランシスコ航路に投入され豪華客船時代が始まることを考えると、その露払いでもあったろう。

戦後恐慌と原暗殺

大戦期の好況は、大戦後もしばらく続いたが、一九二〇年三月一五日の株式暴落を境として戦後恐慌が始まり、それはしだいに深刻化した。株式価格指数は、休戦前月の一九一八年一〇月を一〇〇とした場合、一九二〇年一月に一三八・八であったのが、四月に九一・七、五月に八二・五、六月に六二・五となり、その後しばらく七〇前後であった。原内閣の下では、すでに述べたように財政は膨脹していた。これに対して野党の憲政会は、早急な物価調節策や通貨収縮の必要性を訴え、積極財政が金権政治をもたらし政治腐敗を招いていると批判した。このような批判は、好景気の時には見向きもされなかったが、経済が停滞してくると受け入れられるようになる。そして同じ頃から政友会の政治腐敗が、世間を賑わすようになった。その代表的なものは、南満洲鉄道から政友会へ政治献金が流れたとされる満鉄疑獄事件であった。これは原の下で、それまで藩閥・官僚の牙城であった植民地にも政友会の影響がおよび始めた権力変動と結びつけて語られた。この他にアヘンにかかわる疑惑、東京市におけるガス・砂利汚職事件が続発した。それが原内閣の長期政権化に対する反発でもあった。

一九二一年一一月四日、原首相は東京駅頭で、「政治腐敗」に憤った青年中岡艮一によって暗殺された。現職首相の暗殺は初めてであった。後継は、山県・松方・西園寺により検討が行われ、ワシントン会議と皇太子の摂政就任が目前であり、暗殺で政権基盤を変化させることは適切でないとして、政友会の支持を得られることが重視されて蔵相高橋是清が選ばれた。しかしこの突然の政権交代によって、強いリーダーを失った政友会と、原の下で安定を見せたかに見えた政界は、ゆっくりとだが動揺していくことになった。この点で、首相暗殺という前代未聞の事件は、大きな政治的影響を与えることになったといえよう。

五　関東大震災前後——混乱のなかの変貌——

1——中間内閣の時代

高橋是清内閣

高橋内閣は、一九二一年一一月一三日に閣僚の交代なしに成立した（蔵相は高橋の兼任）。高橋が政友会の後継総裁となったのは首相選任後であり、政友会総裁候補としては他に床次竹二郎内相という動きがなかったわけでもないが、首相と総裁は不可分という線でまとまった。そもそも高橋が首相に選ばれたのは、高橋なら政友会は「当分は収まる」だろうという西園寺の見込みからであった。しかし高橋は政友会員としては新参であり、党務にも疎く、子分も持っていなかったから、政友会内での基盤は弱かった。

高橋内閣の成立に対して憲政会は、政策には不満であるが、非政党内閣の出現ではないとして容認し、内閣の方針を見極めていくという態度をとった。政権奪取のチャンスと見る党員もあったが、党首の加藤は原の凶変に乗じて行動することを不適当とした。

高橋は、前内閣の方針を引き継ぐことを表明し、年末から開催された第四五帝国議会は、政友会の絶対的多数によって、無事に乗り切った。大きな問題としては普選法案の否決がなされたことであろ

図33　高橋是清

う。普選案は、憲政会・国民党・無所属団が共同で提出したもので、選挙権資格として「独立の生計」を営む者という条項を削除したものであった。これは憲政会が完全な普選論へ転換したことを意味し、世論の支持を得るものであった。ただ前節で触れた婦人参政権問題に関して、治安警察法が改正され婦人の政談集会への参加が認められたことは重要である。なお貴族院で過激社会運動取締法案が大修正され可決されたが、衆議院で否決されたことが注目される。これは第一次世界大戦後の社会運動激化に対して、無政府主義・共産主義などの宣伝や結社を取り締まろうとしたもので、後の治安維持法につながるものであった。一九二二年には、日本共産党が密かに誕生している。

ところで、普選を嫌っていた元老の山県が二月一日に亡くなったことは、普選実現への障害を一つ取り除くものであった（その二〇日前の一月一〇日には、大隈重信が亡くなっていた）。この時点において残る元老は松方と西園寺となった。宮中某重大事件で多少権勢を失っていたものの、政界に絶大な権力をおよぼしていた山県の死は、これまでの政治を変化させる予感を与えるものとなった。

高橋内閣の下で、その変化は徐々に生じていく。政友会は政策の継続を表明したが、内閣が提出した一九二二年度予算案は六年ぶりの緊縮予算となった。戦後恐慌を受けて、政友会は積極政策から転換し始めた。それをワシントン会議における軍縮の動きが後押しした。

中橋文相問題と内閣改造問題

第四五議会の会期末に内閣の方で波乱が生じた。五校昇格問題をめぐる中橋徳五郎文部大臣と高橋首相の対立が、図らずも閣内不統一を表面化させたのであった。五校昇格問題とは、原内閣の高等教育機関の充実方針にもとづき、東京と大阪の高等工業学校、神戸の高等商業学校、それに東京と広島の師範学校を大学に昇格させるという問題である。高橋は原内閣時代から、蔵相として財政の観点から反対しており、自分の内閣でも当初予算案には入れていなかった。しかしその後、床次内相の取りなしにより、会期末に追加予算として提出されて衆議院は通過したものであった。ところが貴族院では、政友会の党勢拡張案だとして反対の声が高く、とうとう会期切れで成立しなかった。高橋首相が前向きに尽力したなら通過させることができた可能性があったものであり、推進派党員の不満は高まった。このような不統一の背景には、中橋（および元田肇鉄道大臣）を更迭し内閣改造を図ろうとする高橋と、それを支援する政友会の改造派の動きが絡んでいた。

改造問題は、内閣改造によって内閣強化を図ろうとする動きであり、すでに一九二一年初め頃より山県と原との間で話題となっていた。原内閣が三年目を迎えて勢いに翳《かげ》りが出てきたこともあり、山県は何人かの閣僚（床次、中橋、内田など）を交代させ、台湾総督の田健治郎《でんけんじろう》などを加えて内閣強化を図ることを提案していた。原はそれを頑として受け入れずにいたが、党内には法制局長官の横田千之助《せんのすけ》や長老である小川平吉《へいきち》のように、改造を支持し原に進言する動きもあった。この頃、政友会においてキーとなりつつあった人物であった横田は、ワシントン会議に随員として派遣され、その間に原首相が暗殺され、山県も亡くなったため、この動きはいったん途絶えていた。それが統制力の弱い高橋の下でふたたび現れ問題化したのであった。

政友会内における改造派とは、先に挙げた二人のほかに、野田卯太郎や岡崎邦輔《くにすけ》らである。非改造派とは、中橋と元田に加えて、床次内相や山本農商務相らであった。改造派の中心であった横田は、田を蔵相に迎えて高橋首相を補佐させようとしていた。このような動きは、政友会内における党内改革および政策転換をめざす路線と、原を継ごうとする路線の対立であったと言える。そして高橋首相は改造派によって支えられていたので、改造派は総裁派、非改造派は非総裁派とも呼ばれた。前者が高橋や横田千之助らであり、後者は床次竹二郎や山本達雄が代表していた。

このようにして、原という強力なリーダーを暗殺で失った政友会は揺らぎ始めた。五月一日に高橋首相は内閣改造の意志を伝えたが、拒否する閣僚が続出した。明治憲法下において、首相には大臣の罷免権はなく、いったん高橋は改造を断念したものの、六月六日に閣内不統一により内閣総辞職を決定し辞表を捧呈した。自分（高橋）への大命再降下による内閣改造を狙ったのである。しかし思惑ははずれ、高橋に大命が降ることはなかった。総辞職後、政友会は非改造派の六人を除名処分としたが、これは一九二四年の政友会大分裂の予兆であった。

加藤友三郎内閣の成立

後継首相候補の選定にあたる元老は、松方と西園寺の二人となっていた。西園寺は基本的には政友会、もしくは政友会が協力できる人物を理想としていた。しかし、この時には病床にあり、積極的に動くことができなかった。そのため松方が首相選定を主導することになった。松方は牧野伸顕宮内大臣と相談の上、枢密院議長の清浦奎吾《きようらけいご》と首相経験者の山本権兵衛を協議に加えることにしたが、山本は断った。松方と牧野は、ワシントン会議を成功させた加藤友三郎海相を第一候補、憲政会総裁の加藤高明を第二候補とし、清浦も加藤高明を適当とした。それを伝えられた西園寺は、加藤友三郎については同意したが、加藤高明については、大隈内閣時における外交ぶりを見て、列国の反感を起こし外交上の困難を招くとして反対した（『原日記』一九二〇年六月三〇日、『大正デモクラシー期の政治　松本剛吉政治日誌』一九二二年四月二二日）。しかし松方は当初の方針通り、まず加藤友三郎に交渉し、引き受けない場合は加藤高明にするということで、両者と会見した。この「加藤に非《あら》ずんば加藤」という情報は、すぐに政界に知れ渡った。これは引き続き政権を担えると踏んでいた政友会にとっては意外の展開であり、憲政会に政権を渡さないために、加藤友三郎に引き受けさせ無条件で内閣の支援に回ることになった。政友会と官僚系の提携体制は引き継がれたのである。

図34　加藤友三郎

一九二二年六月一二日に成立した加藤友三郎内閣は、貴族院を中心とする内閣となった。外務大臣内田康哉（留任）、内務大臣水野錬太郎、大蔵大臣市来《いちき》乙彦《おとひこ》、陸軍大臣山梨半造《やまなしはんぞう》（留任）、海軍大臣加藤友三郎（翌年五月から財部彪）、司法大臣岡野敬次郎《けいじろう》、文部大臣鎌田栄吉《えいきち》、農商務大臣荒井賢太郎、逓信《ていしん》大臣前田利定《としさだ》、鉄道大臣大木遠吉《えんきち》という顔ぶれで、政友会系貴族院会派の交友倶楽部と、貴族院の主流会派である研究会の連立内閣であった。市来・荒井・前田・大木は研究会（ただし大木以外は非主流派）、水野・岡野・鎌田が交友倶楽部員であった。こうしたメンバー構成は、研究会・交友倶楽部員以外の貴族院メンバー（公正会、同成会、茶話会、無所属派）の反発と、彼らの憲政会への接近をもたらすことになる。

内閣交代にさいして、政友会内閣が行きづまったのだから、次の内閣は第二党に譲るのが「憲政の常道」であるとしていた憲政会は、加藤高明が相談を受けたことに色めき立った。そして内閣が成立すると、衆議院議員が一人もいない内閣を非政党内閣として批判し、憲政擁護を唱えるようになっていく。ただし憲政会内においても幹部派と非幹部派との対立があり、政権を握ることがなかなかできない加藤総裁に対する不満も強く、脱党者たちが続出して結束は難しかった。またもう一つの野党であった国民党も党勢が振るわなかった。そのような中から野党再編の動きが生まれてくる。それが一九二二年一一月の革新倶楽部結成であった。革新倶楽部は、国民党と、これまで独立の立場をとっていた中立議員と、憲政会から脱党した現状打破論者が組織したものであった。中心的な働きをしたのは、犬養毅・大石正巳《まさみ》・大竹貫一《かんいち》・添田飛雄太郎《そえだひおたろう》・秋田清《きよし》らの比較的著名な政治家たちであり、その後の推移によってはもっと多くの憲政会員が参加するはずであった。またこの動きの背後には、後藤新平があった。革新倶楽部は、師団半減や知事公選など、革新的な政策を掲げた。

加藤友三郎内閣の施政

加藤が首相に抜擢されたのは、ワシントン会議での貢献にあった。そして元老たちは、会議での決定にもとづき、さらに国際協調外交や軍縮などを着実に進めていくことを加藤友三郎に期待した。

海軍軍縮条約にもとづく作業では、一四隻の軍艦が廃棄または非武装化され、二隻の軍艦が空母に改造、六隻の軍艦の建造が中止された。単に軍艦だけでなく、舞鶴鎮守府が廃止されて要港部に格下げされるなどの機構縮小が行われ、海軍軍人の整理も下士官以上で七五〇〇人におよんだ。ただし空母に改造された軍艦があったり、補助艦の建造が拡大したことはつけ加えておかねばならない。

陸軍においては、条約上は何の義務もなかったが、海軍軍縮が陸軍軍縮を促す形となった。八月からいわゆる山梨軍縮（山梨陸相の名をとったもの）が着手された。これは一大隊の編制を四中隊六〇〇人から三中隊四五〇人として、合計三万人以上の人員整理を行うものであった。他の兵科や将校を併せると、約六万人もの削減であった。中国大陸に派遣・駐屯していた部隊の帰還・減員については前章で触れた。

遅れていたシベリアからの撤兵も、九月から一〇月にかけて、保障占領をしている北樺太を除いて実現した。日本の撤兵後にソヴィエトは、シベリアでボリシェビキ勢力に擁立された極東共和国を併合し、ソヴィエト社会主義共和国連邦（ソ連）の結成を宣言した。これにより日本がシベリアに緩衝《かんしょう》国家を作ろうとして起こしたシベリア出兵は失敗に終わった。なおこの時期に、ソ連の外交官ヨッフェと後藤新平（東京市長）との私的会談をきっかけに、日ソ国交回復交渉が開始されている。

中国問題に関しては、山東懸案に関する日中条約（一二三頁参照）の成立を受けて、日本が青島の行政権を中国側に引き渡したのは年末の一九二二年一二月のことであり、青島派遣軍も同月に撤退を完了した。加藤内閣は、中国の内戦（第一次奉直戦争）に対して、高橋内閣の不偏不党・不干渉政策を引き継いた。ただし日本政府の方針とは別に、第一次奉直戦争に敗れた張作霖を、現地の支那駐屯軍司令官（鈴木一馬《かずま》）が支持し、暗にそれに協力し勢力の再興に協力していたことはつけ加えておく。

加藤内閣は、内政的には、経費節減、租税整理、公債整理を掲げ、一九二三年の予算は軍縮のほかに、行政整理も行ったため、かなりの緊縮型となった。税制整理については、後に大きな問題となる地租・営業税の地方委譲の検討が開始された。衆議院は政友会が絶対的多数であったために、問題なく予算案を無事通過させたほか、普選法案・内閣不信任案を葬り去った。

普選運動の昂揚

普選問題に対する加藤首相の態度は、表面的には拒絶せず、調査会を設けて慎重に検討するという曖昧なものであった。そのため、院外で普選運動が昂揚した。この運動をリードしたのは新聞記者たちであった。前年の憲政会の「独立の生計《せいけい》を営む者」という条文の削除によって、野党の足並みが揃ったことにより、一九二二年から普選運動は再活発化していた。運動は全国普選断行同盟によって担われ、全国各地で集会が行われた。警視庁は東京市内での屋外集会を禁止した。しかし一九二三年一月二〇日に日比谷で開かれた記者大会には、三〇〇人ものジャーナリストが集い、全国的に運動を盛り上げていくことや示威運動（デモ）を行うことが決定された。

図35　2月23日の普選デモ，騎乗の女性は婦人参政権運動家の栗原わか子

普選即行を求める運動は全国的な広がりを見せ、都市にとどまらず農村にも広がり、小作人を代表する日本農民組合も参加したという点で画期的であった。二月一八日に開催された全国普選記者大会にも、四〇〇〇人以上の記者が集まった。二月二三日に芝公園（日比谷公園の使用が許されなかったため）から出発したデモ（図35）には数万の群衆が集まり、その先頭には尾崎行雄・古島一雄《こじまかずお》（以上二人は革新倶楽部所属）、三木武吉《みきぶきち》（憲政会所属）が立った。約百人を一団とし楽隊に率いられたデモの隊列は、普選の歌を歌いながら皇居前を通って茅場町まで行進した。翌日も群衆が芝公園に集い、今度は議会へ押し寄せようとして警官隊との衝突までも起きるほどであった。ただし労働運動との連帯はなかった。

加藤の病没と山本権兵衛内閣の成立

秘密にされていたが、加藤首相は一九二二年暮から大腸癌により体調がすぐれず、帝国議会の開院式も欠席するような容体であった。それでも療養を続けながら何とか政務をこなしてきたが、七月二八日から病床につき、八月二四日に病没した。

再度の後継内閣選びが始まった。政友会は、多数党として加藤内閣を支えてきた実績を背景に、政権を担当されることを期待した。いっぽう憲政会は、政権交代を訴えた。前年設立された革新倶楽部は挙国一致をめざす傾向が強く、連立内閣を期待した。どの場合も、誰が首相に選ばれるかが問題であった。

この時の後継者選びを主導したのは西園寺であった。そのさいに選定の基準となったのが、激しくなる各党間の政争が嫌われ挙国一致が目ざされたことと、衆議院議員の四年の任期が迫ってきており公平な選挙の遂行が求められていたことであった。このような観点から白羽の矢が立てられたのが、山本権兵衛であった。山本は薩派海軍の長老であった。加藤に続いて海軍出身者が指名されたのである。松方は、健康を害しており積極的に動かなかったが、彼も薩摩出身であり文句はなかった。西園寺は、山本が以前首相を務めた時に政友会を与党としたことから、政友会との協力ができる人物としても山本に期待した。山本に組閣の大命が降ったのは、八月二八日のことであった。

しかし西園寺の考え通りに組閣は進まなかった。山本は、挙国一致内閣をめざして各政党および貴族院の研究会に働きかけたものの難航した。高橋が選ばれると期待していた政友会は、山本が選ばれたことにショックを受け、内閣への参加を見送った。そして内閣の政策と性格がはっきりしてくると、野党の道を選択することになった。政権を獲得できなかったことは、党内の亀裂を激しくし、総裁派と非総裁派との溝を深めていくことになる。

山本からの入閣交渉に対して、憲政会の加藤は、好意的態度を取ると語ったが、政策を見て態度を決するとして八月二九日に入閣を断った。結局、山本からの誘いに応じたのは、革新倶楽部の犬養毅ただ一人となった。

こうした組閣交渉を続けていた九月一日に襲ったのが、関東大震災であった。山本は非常事態を受けて、閣員を充分に絞り込むことができないまま、とりあえず翌二日夜に組閣を完成させた。当初の閣員は内務大臣後藤新平、大蔵大臣井上準之助、陸軍大臣田中義一、海軍大臣財部彪《たからべたけし》（留任）、農商務大臣田健治郎、逓信大臣犬養毅であり、兼任とされた外務大臣には伊集院彦吉、司法大臣には平沼騏《ひらぬまき》一郎《いちろう》、文部大臣には岡野敬次郎がほどなくして任命された。

図36　後藤新平

山本内閣は、後藤や田のような実力のある官僚政治家が参加し、革新倶楽部が実質的な与党となった点で、原内閣後の二つの内閣とはかなり性格の異なるものになった。組閣をリードしたのは薩派と後藤新平と犬養であった。

後藤は政党内閣へ世論が向かって動いていく中で、政党の党弊を訴え、「政界の浄化」を掲げて運動を始めていた

（これは後に「政治の倫理化」運動につながっていく）。後藤は、第一次世界大戦後の欧米訪問を通じて世界の新たな動きを実感し、官僚制度の革新により政党政治に対抗しようとした。それが一九二〇年に提唱した首相をトップに据える大調査機関の設立であり、そこでの科学的調査にもとづいた国策を立案・実施することであった。この考えは、その後に就任した東京市長時代（一九二〇年一二月～一九二三年四月）の大胆な東京市政改革で実績をあげており、彼には国民的な人気があった。

少し脇道に逸《そ》れるが、ここで扱っている中間内閣の時代は、政党による内閣統合への模索の時代であるとともに、後藤の試みに見られるように行政事務が巨大化していく中で、官僚制にとっても再編と新たな政治的結合の試みが行われていく時期であった。後藤が行った手法は、現在三・一一東日本大震災をへて評価が高まっているが、政党に対抗した一九三〇年代における新官僚たちの動きの源点にすえる見方もある。

そのような動きに、政界革新を掲げる犬養らの勢力が合同した。後藤と犬養の二人は寺内内閣あたりから政治的に接近していた。もともと山本と親しかった犬養は、山本に普選実行の意志を確かめて入閣を決意したという。さて山本内閣の施政がどのようなものであったかについては次章に回して、先に関東大震災について語ることにしよう。

2――都市化のなかの関東大震災

宮武外骨の九月一日

反骨のジャーナリスト宮武外骨は、九月一日の大震災当日、上野の事務所で印刷所の主人と打ち合わせを行っていた。そこに一一時五八分、マグニチュード七・九、震度七の地震が襲った。ミリミリと家が揺れ、隣の部屋の本棚が襖《ふすま》二枚と一緒に倒れこんできた。びっくりした宮武は屋外に逃げ出し、余震が頻繁に来るので、近傍の人と谷中墓地で野宿をした。翌日は、近所で奪うようにして買い入れた玄米を摺《す》り子木で搗《つ》く作業を担任し、夕刻からは桜木町会の招集に応じて夜警隊の配置監督役になり、不眠不休でそれを五日間続けた。ようやく仕事が再開できたのは九日だった。その仕事は『震災画報』を編集出版することだった。一五日目に豆腐屋が顔を出し、二〇日目に魚屋が開店した。

『震災画報』は、各新聞社が焼け落ちたり、印刷機械が使用不能になる中で、大手出版社とは独立に出版業・編集業を営んでいた宮武が、かつてない震災に直面したさまざまな現実や実際を現場感覚で伝えるために緊急出版したものである。宮武がつきあっている印刷所は幸いに罹災を免れたが、組版を頼んでいた愛正社は全焼したので、活字不足であった。そのため大小の活字を混用し、漢字をかな書きにするなどして、ようやく出版に漕ぎ着けた。宮武はこれまで、『頓智《とんち》協会雑誌』や『滑稽《こっけい》新聞』でパロディーを駆使し政府を批判したことで知られており、この雑誌も庶民からの視点で震災が描かれている。

その第一号（九月二五日）には、つぎのような記事があった（仮に番号を付す）。①「分業は社会発達の一要素であるが、この分業発達のために、今回東京横浜は多大の損害を被ったと云ってよい。それは

図 37　上野公園の西郷銅像に貼られた消息を尋ねるための紙片

戸々の井戸を潰《つぶ》して鉄管水道を敷き、戸々の灯火を廃して電灯を共通ならしめた結果、破裂を恐れて水道を閉塞し、電柱断たれて無灯となったがために、防火の術なくして祝融《しゅうゆう》〔註、火の神のこと〕に暴威を逞《たくまし》くせしめ、しかも不良漢の暗黒に乗ずる放火もあって、幾十万を焦土に化せしめ、数十万の生命を奪ったことである」。②「火災中に頻々《ひんぴん》と聴こえた大爆音は、薬店や諸学校の薬品が爆発したのであるのに、不良漢が放火目的での投弾だと誤認した者が多かった」。③「大震の翌日頃から数日間、焼残り市街の諸種販売店では、大概『売切』の札を出してあった」。④「父に離れた子、娘を見失った母、行方《ゆくえ》の知れぬ兄、安否の分らない妹、夫にはぐれた妻、主人思いの店員、焼落ちた親族の立退先《たちのきさき》、仲の善い友達の消息。これを尋ねる貼紙が塀、壁、墓碑、樹木、電柱、電車、警察署の前、交番所の周囲等、あらゆる個所にはられた」。⑤「朝鮮人が井に毒薬を投げ込むというウソも盛に行われ、市内各所へ注意すべしと貼紙した者もあり」。

①には、都市化の進展と宮武の文明発達に対する批評的な見方があるし、②や⑤には不安心理に駆

られる人々の姿が、③や④は二〇一一年三月の東日本大震災の時に、多くの人が連絡を取り合う困難に直面したことや、コンビニエンス・ストアから商品が無くなってしまったことを想起させるものである。上野の山の西郷隆盛の銅像も貼紙だらけになった（図37）。震災の悲惨な状況を伝えることも正しいが、宮武の仕事は、その中で庶民がどのように行動したのかが、飛び交った流言蜚語《りゅうげんひご》や、川柳における社会諷刺の中で浮かびあがってくる資料となっている。

東京の状況

一九九五年の阪神・淡路大震災以来、歴史学の分野では災害史への関心が高まり、二〇一一年の東日本大震災以後は花盛りとなった。阪神・淡路大震災は、都市直下型地震であり、東日本大震災は都市化が進んだ地域にも広範な影響を与えたため、過去の都市災害であった関東大震災時の歴史的経験に目が向けられたといえよう。それだけでなく、古代・中世における津《つ》波《なみ》の記録の存在が、歴史学は世の中に役に立つということを認識させ、歴史研究の存在意義を高めるきっかけになった。そしてこれまで朝鮮人虐殺や震災復興過程に研究の中心があった関東大震災研究が、消火活動の実態や避難民の置かれた状況や救護活動、それも行政やボランティアの官民を含めた活動の側面までも扱うようになった。これは現実の震災体験をふまえてのことであったろう。

関東大震災は、罹災《りさい》者約三四〇万五〇〇〇人、死者・行方不明者約一〇万五〇〇〇人、全壊家屋一〇万九〇〇〇棟、半壊一〇万二〇〇〇棟、焼失家屋二一万二〇〇〇棟にのぼる災害であるとともに、朝鮮人六六〇〇人、中国人六六〇人の殺害を生み出した人災でもあった。市内の焼失面積は市域の四三％におよび、特に神田・日本橋・京橋・浅草・本所など皇居の東側の被害はひどかった。死者の多かったことで知られているのは、本所被服廠跡《ひふくしょう》と吉原公園である。火災が広まったのは、消火活動が十分にできなかったためであった。消防隊が何もしなかったわけではない。すでにポンプ車も導入されていた。しかし断水やガソリン不足では限界があった。周辺部からの応援も焼け石に水であった。その中で昔からのバケツ・リレーで奇跡的に延焼を免れた地域もあった。

地震当日は土曜日で午前中勤務ということもあり、警視庁で対応にあたれた人員は少数であり、午後一時には本館が燃え、重要書類を持ち出すのが精一杯であった（正力松太郎《しょうりきまつたろう》談）。非常事態への備えがなかったからであった。いっぽう東京府（市も）では、すでに非常災害事務取扱規程が定められており、それにもとづいて職員に足止めを命じ、一日午後一時に臨時救済事務委員を設置して非常災害事務を開始したと言われるが、大部分が家に急いだという記録もある。政府が臨時震災救護事務局を置いたのは九月二日であった。現在なら災害が起こったときに自衛隊が法にもとづき知事の要請により出動するが、当時の軍隊にはそのような法的規定はなく、便宜的に地方長官の要請や、要請が無くとも司令官の判断で出動することが慣例となりつつあった。東京では、市街地の拡大によって駐屯部隊が東京西部郊外に移転していたことが、下町への救援活動の遅れとなって影響を与えた。

戒厳令（行政戒厳）が発令され、東京衛戍司令官が戒厳司令官とされたのは二日のことであった（まだ加藤内閣の決定）。それから救護活動が開始された。罹災者は九月三日までは個々人で対処を迫られ、ようやく四日頃から設置された避難所に移りはじめた。行政は実際には一〇日まで機能しなかった。公設バラックの建築に手がつけられたのは一四日頃からであった。

怪我や火傷《やけど》を負った人々への救護活動はすぐに始まったが、こちらも医師不足、人手不足のなかで不眠不休であった。軍隊による本格的な救護体制が機能し始めたのは三日頃からであった。罹災者への水や食糧の供給は、山の手では一日から、焼失地域では三日頃であった。避難民で溢れた避難所の小学校では、青年団員たちのボランティアが大活躍をした。さらに第一次世界大戦後のデモクラシー状況への対応を迫られていた皇室・宮内省も、国民との紐帯を強く意識し、国民から支えられる皇室をめざして、震災救護に敏速に対応した（堀口二〇一四）。東京市政調査会は、避難者カードを作成して日比谷公園内のテントで閲覧に供した。尋ね人を探す一助としたのである。東京以外に逃れた人々は一〇〇万人以上におよんだ。震災前年の市内人口約二四八万人が、一一月一五日の震災地人口調査では一五三万人となっているので、約三八％に減った（もっとも翌年以後は約二〇〇万人に回復している）。東京市における町内会は、まだそれほど組織されていたわけではなかったが、組織されていたところでは大活躍をし、震災をきっかけに本格的に組織されるようになる。なお震災体験は、その後の防空政策に大きな影響を与えることになった（土田二〇一〇）。

朝鮮人虐殺と甘粕事件

混乱の中で流れた流言蜚語による軍・自警団などによる朝鮮人（および中国人）の殺害事件は、三日の内務省警保局通達――朝鮮人が震災を利用し各地に放火し不逞の目的を遂行しようとし、爆弾を所持し石油を注いで放火しているものがあるので、厳密な取り締まりを加えようという通達――が拡大させた。中には間違われ殺害された日本人もいた。いずれも震災下の混乱と無秩序が、日常の心理の奥底に潜んでいた不安感と恐怖感を表出させたものである。

また官憲による社会主義者への弾圧が、戒厳令を隠れ蓑としてなされた。亀戸《かめいど》警察署に検挙された労働組合指導者平沢計七《ひらさわけいしち》ら一〇名が四日に軍関係者により殺害され（亀戸事件）、一六日無政府主義者大《おお》杉栄《すぎさかえ》・伊藤野枝《のえ》が甘粕正彦《あまかすまさひこ》憲兵大尉により殺害された。

治安の安定のために発せられた戒厳令の他に、経済の安定のためには支払い猶予令（モラトリアム）、ついで震災手形損失補償令が出されたが、ともに後に混乱の原因となった。戒厳令については政府による事件を引き起こしたが、それに続いて七日に発せられた緊急勅令「治安維持のためにする罰則に関する件」は、一九二二年の議会でいったん否決された過激社会運動取締法案（一四二頁参照）の影響を受けており、震災後も廃止されず、一九二五年に治安維持法が制定された時に初めて廃止された。後者については、一九二三年末までに発行された四億三〇〇〇万円もの震災手形が不良債権化して、一九二七年の金融恐慌を引き起こす原因になった。

一一月一〇日に「国民精神作興に関する詔書」が発せられた。これは教育勅語や戊申詔書《ぼしんしょうしょ》の精神を引き継ぎ、震災を受けた国民に対して「国民精神ノ剛健」や「道徳ヲ尊重シテ国民精神ヲ涵養《かんよう》振作」を求めるもので、綱紀粛正《こうきしゅくせい》・質実剛健を旨として、軽佻詭激《けいちょうきげき》に奔《はし》ることなく、公徳と秩序を保ち節制と忠義義勇・博愛共存の精神で恭倹《きょうけん》勤敏《きんびん》につとめ国家の興隆と民族の安栄・社会の福祉を図るべきだと述べたもので、大戦後から広まりつつあった退廃的傾向や華美・奢侈《しゃし》の風潮および社会主義運動の拡大をくい止め、またこれを予防するために、国民の国家への献身的精神を喚起しようとしたものであった。政府は詔書発布を契機として民風作興運動・国民精神作興運動のような教化運動を推し進めたが、戊申詔書の時ほどの広がりは見せなかった。

国際都市横浜の状況と外国人社会

東京の被害が地震そのものよりも火災によったのに比べると、横浜および神奈川県は地震被害と火災被害とが半々であった。震源に近い県西部では建物倒壊、山崩れや崖崩れなどによる土砂災害による死者が多かったのに対して、横浜は東京と同じく火災であった。ただ地盤の軟弱な旧居留地は全滅だった。建物が密集していた中華街では五〇〇〇人の中国人のうち、二〇〇〇人が犠牲となった。人口約四四万八〇〇〇人に対して死者・行方不明者二万三三三五人、全焼家屋六万二六〇八戸、全・半壊を合わせて二万〇五三二戸であった。

横浜は多くの外国人たちが暮らす街であった。「神奈川県外事警察概況」によると、神奈川県における在留外国人の被害は、全焼二三四五戸、全・半潰三〇〇戸、死者一八三一人、負傷二三五八人、行方不明者一〇〇七人の合計五一九六人で、内四一七七人は中国人であった。避難民は、陸上に一一〇九人、海上に三〇七六人、鎌倉・箱根・葉山など郡部に避難した者が二〇九八人であった。しかし九月六日までには、多くは阪神地方へ、あるいは海外に逃れた結果、陸上避難者は五九三人（内、欧米人は九人）となった。神戸までの無料輸送数は、一〇月二五日までに一七二二人を数えたという。外国人罹災民に対しては外事課員が応急救護を担い、外国人に対して健康査察・加療勧誘・救護所・収容所などの周知に奔走したが、治療を受けた欧米人は僅少であった。言語が通じないなどの災害弱者にとって、震災はたいへんな体験であり、多くの体験談が残されている。根岸町桜道に外国人専門の配給所が特設されたのは九月二六日のことであった。横浜でも朝鮮人に対する虐殺が発生したため、特に中国人については警察署に収容を命じ、保護したものは一二四四名におよんだ。逗子《ずし》の別荘に逗留し海岸にいたベルギーのバッソンピエール大使は、地震とともに「すべての丘がくずれて巨大な斜面がいっきにすべり落ちてくるのを見た。〔中略〕海岸全体に無数の小さな亀裂が生じていた。〔中略〕道と川口の間にある藪のしげったあたりから何と海水が湧き上がってきていた」のを見た、津波が襲い、竹藪《たけやぶ》の中で鎌倉の町が焼ける火をみながら一夜をすごした。ベルギー本国に大使の無事が伝わったのは五日のことだった。使者を東京に派遣し、軽井沢に逃げたヨーロッパ人によって四日に神戸に電報が打たれ、それが本国にようやく届いて生存の確認ができたのであった。

外国からの援助

横浜における震災救護活動で特徴的なことは、外国船を含む船による救援活動が行われたことであった。大震災は、第一次世界大戦によって活発となった通信社による活動をふまえて世界を駆けめぐった大ニュースであった。「東京と横浜は灰燼《かいじん》に帰した」と少し大げさに伝えられた。三日には早くも医療スタッフがいたカナダ船〔エンプレス・オブ・カナダ号〕やアメリカ船〔プレジデント・ジェファーソン号〕が来港した。これらの船は欧米人たちに各地の状況を伝え、神戸に多くの人々を回送している。神戸では救済委員会が作られ、救援物資が海路運ばれ、五二万八六七〇円の資金を集めた。中国人については阪神中華救済団が救援活動にあたった。

外国からの援助も早かった。アメリカのアジア艦隊は、中国大陸沿岸から五日には横浜に駆けつけた。ついで上海からイギリス軍艦が到着した。日本政府は、救援物資の提供は受ける、救護人員の派遣協力は好意には深謝するが辞退する、入港船舶乗員の上陸と積荷の陸揚げにあたっては秩序維持の必要上調査を行うという方針を決めて臨んだ（一一日）。これに引っかかったのがソ連船であった。九月一二日には、震災救助のためにウラジオストクからレーニン号が横浜に入港した。ところがその二日後に同船は港から退去させられた。それは労働者階級のみを救護すると言ったと伝えられたことが、階級闘争を起こさせる恐れがあるとされたためである。いかに当局が、社会主義活動をおそれていたかがわかろう。

世界からの救援や義援は相継いだ。もっとも活発で大規模であったのはアメリカであり、義捐《ぎえん》金額においてはイギリス、ベルギーがこれに次いだ。

図38　アメリカ赤十字社による救援を呼びかけるポスター

帝都復興

内務大臣となった後藤は、六日に「帝都復興の議」をまとめた。かなり早い。それは後藤が、すでに腹案を持っていたからであった。後藤は東京市長に就任すると、一九二一年に東京市政要綱を発表した。これは俗に八億円計画と言われる東京の大改造計画であった。一九二二年にはニューヨーク市政調査会のチャールズ・ビアードを招聘し、東京についての研究をしてもらい、それは『東京市政論』という形でまとめられていた。「帝都復興の議」で後藤は、震災の惨害は言うに忍びないとしながらも、これを理想的帝都建設のためには「真に絶好の機会」と言い放ち、復興のための独立機関の設置、復興費の国庫負担原則、罹災地域の土地すべてを買い上げて土地整理を行う（焼土全部買上案）ことを提案した。一部には遷都論もあったが、九月一二日の大詔《たいしょう》により退けられた。後藤の意見にもとづき九月二七日復興院が設置され、後藤が総裁となった。これとは別に、首相の諮問機関として復興審議会と復興院評議会が設置された。審議会委員は国務大臣クラスで、枢密顧問官伊東巳代治《みよじ》、貴族院議員江木千之《えぎかずゆき》・青木信光《のぶみつ》、財界人渋沢栄一・和田豊治《とよじ》、日銀総裁市来乙彦、政党から高橋是清・加藤高明、元衆議院議員大石正巳などが任じられ、挙国一致体制が作られた。震災が発生するとビアードは後藤に向けて、「新街路を設定せよ、街路決定前に建築を禁止せよ、鉄道駅ステーションを統一せよ」と電報し、急遽来日したビアードは復興計画の策定を応援した。

　後藤の復興プランは、復興審議会委員の伊東巳代治より反発を受けた。余りにも計画の規模が大きく、土地所有権者の意思は尊重しなければならないという理由からだった。後藤は、地主に対して断固たる態度を取ることを求めていたが、法律論には逆らえなかった。当初予算は四一億円、それが一三億円となり、帝都復興審議会では七億二〇〇〇万円、帝国議会に提出されたのは五億七四八二万円、そして衆議院でさらに縮小され四億六八四三万円となった。後藤の日記は、一二月二〇日以後の部分が引きちぎられているという。これは復興計画が骨抜きにされた怒りや落胆が表れているのではないかと北原糸子は述べている（北原二〇一一）。

後藤のもとで立てられた復興方針は、たとえば復興院が翌年二月に廃止されて復興局に格下げされ、焦土全部買上案は財政的な観点から頓挫し、区画整理方式により公共施設用地を確保するという形に変わったりして骨抜きになったと言われている。しかし復興事業がかなりの成果をあげたことも事実である。三一一九ヘクタール（焼失区域の約九割）の区画整理、五二路線の幹線街路整備、公園や復興小学校の建設、それに復興事業ではないが同潤会による近代的な住宅の整備などが始められた。東京の復興計画に横浜も包含され、復興事業は横浜では一九二八年、東京では一九三〇年に完了した。

震災は東京の面目を新たにすることになったが、『震災画報』の宮武外骨は、大震災を境にして明治時代が失われたと観察し、吉野作造・尾佐竹猛らと明治文化研究会を一九二四年に創設し、明治日本の面影を後世に残す仕事を開始した。

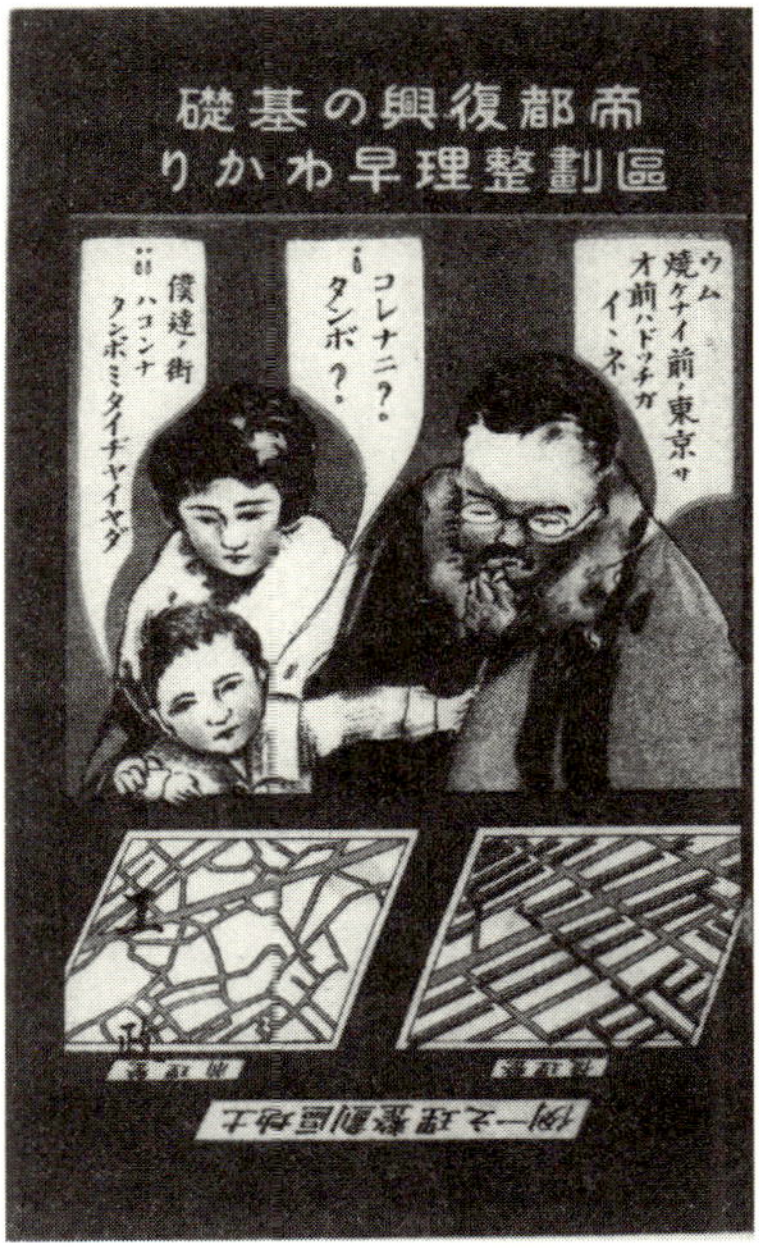

図39「区画整理早わかり」

3―モダン化する都市社会の表裏

岡本綺堂の時期区分

ところで東京の変化は、震災のみを契機とするものではなく、それ以前から始まっていた。他の多くの街でも、同様であった。「半七捕物帳シリーズ」で有名な小説家岡本綺堂《きどう》は、東京から江戸時代の面影《おもかげ》が消滅してしまったことを、一九二四年一月に次のように記している。「江戸の歌舞伎の世界は、たといそれがいかばかり懐かしいものであっても、所詮《しょせん》は遠い昔の夢の夢であって、それに引かれ寄ろうとするにはあまりに縁が遠い。何かの架け橋がなければ渡ってゆかれないような気がする。その架け橋は三十年ほど前から殆《ほとん》ど断えたといってもいい位に、朽《く》ちながら残っていた。それが今度の震災と共に、東京の人と悲しい別離《わかれ》をつげて、かけ橋はまったく断えてしまったらしい。おなじ東京の名を呼ぶにも、今後はおそらく旧東京と新東京とに区別されるであろう」。しかも続けて次のように記す。「その旧東京にもまた二つの時代が劃《かく》されていた。それは明治の初年から二十七、八年の日清戦争までと、その後の今年までとで、政治経済の方面から日常生活の風俗習慣にいたるまでが、おのずからに前期と後期に分たれていた」（「島原の夢」『岡本綺堂随筆集』）。これは歌舞伎に限らず、震災以前の東京において、江戸時代の面影がまだ残っていた一九〇〇年くらいまでと、その後から震災に至るまでにも変化のあったことを指している。次に本節では、当時の社会状況を描いていくが、それをよりリアルに感じてもらうために、同時代人の叙述の引用を多くする。

都市化の進展

一九二二年の『東京近郊めぐり』という書物は、池袋の変貌について次のように記している（著者は河井酔茗《すいめい》）。これも震災前のものである。「池袋は市中との間に巣鴨《すがも》監獄の大きな建ものが邪魔して、直接市中との連絡を断絶たれてゐたが、巣鴨の方から市内の勢ひが伸びて来て、近頃は目立つて家がこむやうになつた。武蔵野鉄道も、東上鉄道も、赤羽《あかばね》線も、此駅から連絡してゐるので、山手線の中でも乗降客の多い方だ。武蔵野線は近く電車になるので更に沿線から来る人が多くなるだらう。〔中略〕池袋附近から秩父《ちちぶ》連山《れんざん》がよく見える、〔中略〕山に憧憬を持つた人は、多大の喜びを感ずるのだが、それも次第に家の屋根に妨げられて、思ふやうに展望が利《き》かなくなつてきた」。まだ池袋は東京周辺の郡部に属していたが、東京に通う人々が多く移り住んできて周辺が宅地化していっている様子がわかる。もっと以前だが徳富蘆花《ろか》が『みゝずのたはごと』で北多摩郡千歳《ちとせ》村における京王電軌鉄道開業の影響を、「東京が日々攻め寄せる。以前聞かなかつた工場の汽笛などが、近来明け方の夢を驚かす様になつた。村人も寝ては居られぬ」と書いたのは一九一三年のことだった。このような記述からは、都市を中心に郊外へ向けて電車が次々と開業されることによって、都市近郊農村が変貌していく様子がわかる。明治期に玉川電鉄や京成電軌が開通していたが、第一次世界大戦前後には武蔵野鉄道、池上《いけがみ》電鉄、目黒蒲田《めぐろかまた》電鉄、東京横浜電鉄、小田原急行鉄道、西武鉄道が開業した。

農村から都市への人口移動は、日清戦争前後から加速していたが、その時代はまだ増大する人口に相応するだけの職場や工場はなく、流動性も高く、多くの人々は社会の底辺に滞留していた。これが都市社会の不安定さの要因となり、明治末期から大正期にかけての民衆による都市騒擾の原因となった。

第一次世界大戦時の工業化の進展と産業発展は、多くの労働者とサラリーマンを生み出し、都市で生産活動を営む人口の拡大と、それらにともなう住宅地の拡大をもたらした。新住民は、私鉄の発達と宅地開発に促されて都心よりも地価の安価な郊外に住むようになる。都市は工業生産の場として無視できない存在となり、政府も地方から都市に新たに流入した人々のエネルギーを何らかの形で活かさなければならないことに気づく。その方法として注目を浴びたのが田園都市であった。主に農村の地方改良を推進したとされる『斯民《しみん》』の創刊号（一九〇六年四月）にも、田園都市の必要性が「健全なる国民を地上に繁殖せしめんと欲せば、必ずや此田園的都市に須《ま》つ処なかるべからず」と述べられている。内務官僚の推進しようとした「田園都市」構想は、都市計画にもとづく職場と都市コミュニティーの創造により、伝統的な農村的共同体を備えた都市を構築することであった。しかし実際には、都市郊外に生産活動と結びついた共同体は構築されず、「田園都市」とはいっても、それは単なる住宅地整備が行われる形となって実現されることになった。

スプロール的（虫食い的）な開発もあったが、計画的な住宅開発としてなされた代表が、東京では田園調布や洗足、大阪では池田や箕面の開発であった（図40）。これは電鉄資本による住宅供給の形によりなされたものでもあった。また玉川村のように、地元の有力者たちが自主的に区画整理を行って

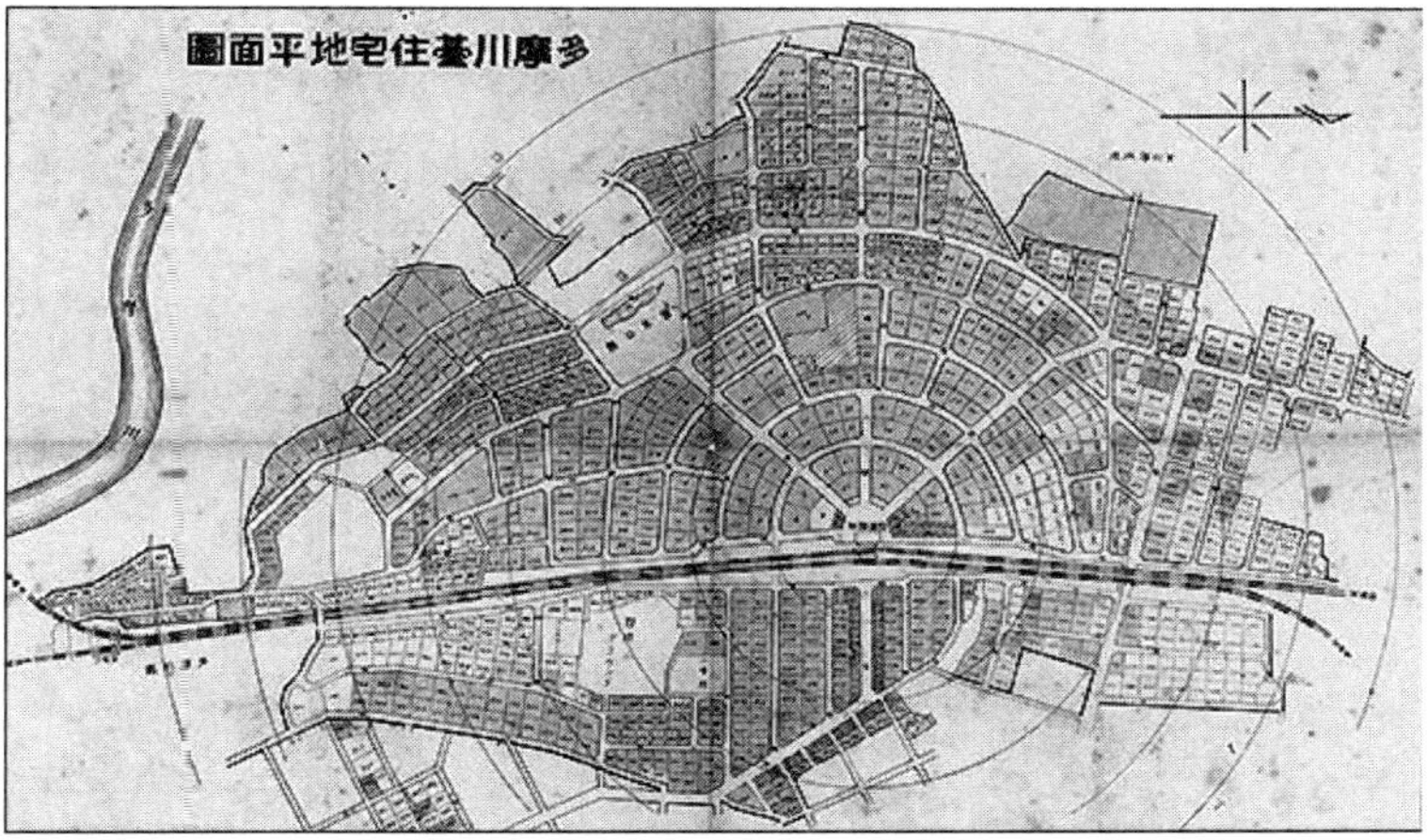

図 40　多摩川台住宅地平面図（現，田園調布）

宅地を提供する例も見られた。

その姿を与謝野晶子は、「駅駅が皆新開街を背景とし、広く柔かに起伏する丘陵地に洋風建築の多いのが目に立つ。東京の南郊がこんなに発展して居ようとは想像してゐなかつた。電車は頻りにS字を描いて走つて行く。（中略）噂に聞いてゐた『田園都市』の中心である駅の建物から輻射線《ふくしゃ》状の路が切り開かれ、何《いず》れも緩い瓜先上りになつてゐる」と書いている（「郊外散歩」『明星』一九二五年五月）。

盛り場の風景

東京では池袋・新宿・渋谷、大阪では梅田・難波などがターミナル化し、郊外からの通勤者と、郊外への行楽客を運んだ。行楽客の行き先は、従来からの寺社・公園に加えて、阪急の宝塚の遊園地や王子電鉄の荒川遊園《あらかわゆうえん》、目蒲《めかま》電鉄の多摩川園、京成電鉄の谷津遊園などであった（後にはゴルフ場なども造成される）。ちなみに寺社への初詣が盛んになったのは大正期からである。東京では日本橋・銀座地区に固まっていた百貨店（白木屋・三越・松屋・松坂屋など）は、昭和期に入るとターミナル

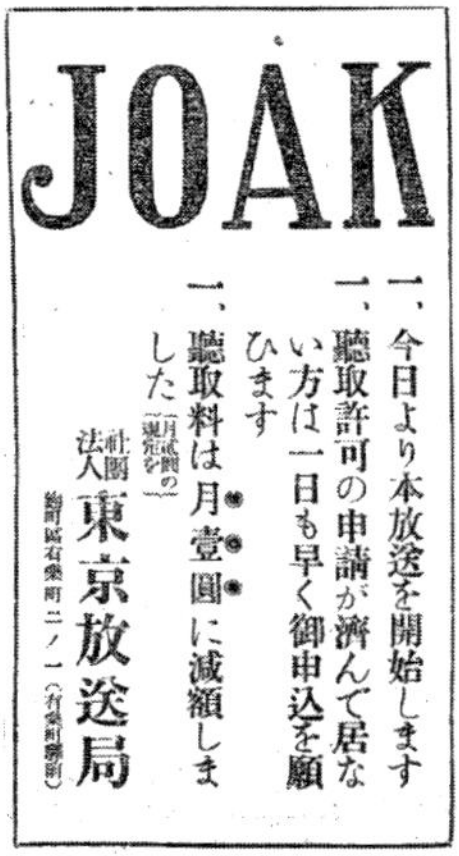

図41　ラジオ放送開始（『読売新聞』1925年7月12日）

駅にも進出する（伊勢丹・東横・二幸《にこう》・ほていやなど）。商品も呉服中心から大衆向けの洋品・食品などの生活に密着したものが増え、併設されたレストランや娯楽施設も賑わうようになる。明治期は寄席が庶民の娯楽の中心であったが、大正期になると演劇（新劇）や映画（活動写真）が中心となり、浅草六区には映画館が林立した。そこで映写されるハリウッド製のサイレント映画は、徳川夢声《むせい》などの活弁（活動弁士）によって解説された。チャップリンが主演したキッド（一九二一年）は、日本でも公開された。映画に限らずジャズなどのアメリカから流入した文化は、モダーンなものとして広く行き渡っていく。ラジオ放送の開始は一九二五年三月であった（図41）。

それまでは人形町や茅場町などの日本橋一帯の方が繁栄していたのが、震災後には少し南の銀座がモダンを象徴する街に変貌しつつあった。銀ブラ（銀座をブラブラ）するモガ（モダン・ガール、モダン・ボーイとともに一九二六年に流行した言葉）の姿は、一九二五年に銀座街頭の風俗調査をした今和次郎《こんわじろう》によって以下のように描かれた。「手袋をつけた女と手袋をつけた女と、すてきな耳かくしとまたすてきな耳かくしを、それらが互いに表情をあいてらしあって街上を軽くさまようている」。銀座の街は「首都の心臓、時代レヴューの焦点。夜、尾張町の角に立つて街上風景を見る、聞く。——電車のスパーク、自動車の警笛、オートバイの爆音。——ショーウインドーのきらめき、広告塔の明滅、交通整理のゴーストップの青と赤。——人間の氾濫、男、男、女、女、男女、男女、ノックスの帽子、ア

図 42　木村荘八「モダンということ」（左側に「地にはモダンボーイ，モダンガール蔓延し出す」と記されている，右側については 214 頁参照のこと）

図 43　高畠華宵の絵

ツシユのステツキ、セーラーパンツ、和服に断髪、ドンファンキツドのハンドバツグ、膝までのスカート、脚、脚、フエルト、支那靴。——ショツプガール、ダンスガール、ストリートガール、マッチガール、喫茶（テイ）ガール——どこからか流れて来る蓄音機のリズムに合して唄ふモガモボの一団『懐古恋想銀座柳《むかしこいしいぎんざのやなぎ》——』」と書いている。今日とほとんど変わらない雰囲気が伝わってくる。

カフェの流行は、大戦以前からであった。評論家でエッセイストの生方敏郎《うぶかたとしろう》は、カフェ・パウリスタに青年たちが集い、ジュークボックスに興じる人々の姿を次のように描いている。「二階から下まで電気のイルミネーションが華やかに点《つ》いてゐた。入口には色の褪《さ》めた赤い鼻緒の草履《ぞうり》が並んでゐた。〔中略〕『パウリスタは近頃方々へ出来た。神田にもあれば、人形町の方にもある。〔中略〕名古屋に行つたら名古屋にもあつたし大阪神戸福岡にもあつた。〔中略〕パウリスタが出来る通りに不良少年が湧《わ》いて出る。皆んなかういふ所へこの通り夜更けまで来て、ハイカラ相《そう》な話をしてゐる。』といふ中に、僕の耳の傍で、百雷《ひゃくらい》の一時に落ちるやうな音がした。〔中略〕『こりやあ、何です。』と訊《き》くと、愚教師は『五銭音楽だよ五銭の白銅一つ入れゝば、自働的に鳴る西洋音楽だ。』」（「東京と云ふところ」一九一八年）。東京の新しい風俗は、またたく間に全国に波及していく。コーヒー・チェーン店も、ジュークボックスもだ。

大正モダンと似た大正ロマン（大正浪漫）という語句もある。その代表は、この時代に流行画家となった竹久夢二《たけひさゆめじ》や高畠華宵《たかばたけかしょう》であろう（図43）。モダニズムが近代を象徴し、したがって欧米からの影響を受けたさまざまな風俗を言うのに対して、大正ロマンは当時にあっても郷愁的（ノスタルジック）で感傷的な、和的な要素を残したものであった。

工場林立のもたらしたもの

いっぽう職場の方はどうであったろうか。多くの労働者を吸収した工場は、東京においては、その東側、本所《ほんじょ》・深川区・南葛飾郡と京浜地区に集中して立地した。隅田川の河口に位置する石川島《いしかわじま》は、「石川島といふと、すぐ鉄工場の煤煙《ばいえん》を思ひださせる。鉄板を叩く槌《つち》の音を連想させ」たし、「月島《つきしま》などになると、どうも工場通ひの職工が、共同生活を営んでゐるより外の感じが無い」（栗島狭衣、一九一九年）ところであった。一九一八から二〇年にかけて高野岩三郎《いわさぶろう》によって行われた月島の労働者調査（『東京市京橋区月島に於ける実地調査報告』）は、初の本格的な社会調査であり、同地区に住む小学校教員と労働者世帯の生活を詳らかにしたものだが、それが行われた動機としては、都市労働者層の急激な増加と生活問題の解決にあったことは言うまでもない。

工場法施行以後においても、依然として職工の置かれた状況には問題があった。震災以前の関西と東京の紡績工場の様子を『女工哀史《じょこうあいし》』で（一九二五年）で描いた細井和喜蔵は、「紡績工場の女工も〔註、公娼と〕等しく二重の奴隷的制度に縛られてゐる。日給の為めの『賃金奴隷』と前借の為めの『満期づとめ』――労働時間終了後に於ける寄宿舎の桎梏《しっこく》、これ正に公娼以上幾重もの奴隷制度でなくて何であらう」と述べ、具体的には一一時間にもおよぶ労働時間のほかに夜業や残業があり、外出の制限、食物・読物等の干渉、書信の干渉および没収、強制的貯金と送金がなされ、寄宿舎における階級組織による虐待、豚小屋のような女工寄宿舎、まずく栄養の十分でない食物、不潔な食器、工場環境の悪さ、ものすごい騒音、粉塵《ふんじん》の多い空気、十分でない福利増進施設（医療機関、保育場、扶助と保険）を挙げている。

工場の存在は、社会的にも問題を引き起こしていた。藤森成吉《せいきち》は『狼へ！　わが労働』で亀戸の工場街の様子を「橋の中途で川のうへを覗いて見よ。そんな種類の川が、日本のどの外の場所にあるか。〔中略〕亀戸辺のやうな、川と云ふ川、掘り割りと云ふ掘り割りが、悉《ことごと》くあんな景観を呈してゐるところはあるまい。それは水の色はしてゐない。くさつた紺壺とでも云へば一番いゝ。流れてなぞはゐない。泥のやうに澱《よど》んでゐる。その真ツ黒なおもてへ、絶へず一面ブツ〳〵と穴があいて、臭気、ごみ……」と環境問題のひどさを描いてる。

図44　『太陽のない街』

こうした状況を受けて、労働体験を題材としたプロレタリア文学も登場する。その先駆けは一九二一年創刊の『種蒔《たねま》く人』であった。プロレタリア文学の代表作とされる徳永直の『太陽のない街』（一九二九年出版、図44）は、小石川区にあった共同印刷の争議（一九二六年暮から）に参加し解雇された体験にもとづく作品で、労働者の生活を、「職工達は、昼間と夜間の半分を、工場の板の間で過し、夜のホンの一時間ばかりのうちに、一日の享楽を貪《むさぼ》らなければならなかつた。（中略）太陽の目の通らない六畳一間に、五人も六人もの家族が寝起した」、街の様子については「一平方哩《マイル》にも足りない谷底に、東京随一の貧民《ひんみん》窟《くつ》トンネル長屋があり、十数年前の千川上水《せんかわじょうすい》が、現在では、あらゆる汚物を呑んで、梅雨期と秋の霖期には、定《きま》つて氾濫《はんらん》しては、四万の町民を天井へ吊《つる》し寝床を造らせてゐる。（中略）太陽は、山から山へかくれんぼした」と描いている。その第二部は争議敗北後を描いた『失業都市東京』であった。

以上のように一九二〇年代は、洋風で近代的な街が急速にきらびやかに展開していく時代であったが、その背後に一歩入ると「近代化」のもたらす歪《ゆが》みや、「進歩」から取り残されたものが目立つ混沌とした時代であった。

六　護憲運動と政党内閣——国際協調という選択——

1——第二次憲政擁護運動

第二次山本内閣の政治運営

さて政治の展開について話を戻そう。関東大震災後の混乱が一通り収まった後、一九二三年一〇月末にまとまった山本内閣の政綱は、普選即行をはじめ、綱紀粛正、教育振興、外交刷新、行財政整理、産業開発、農村振興などであった。これらは普選の実行を約束として入閣した犬養や、政党政治以外の新しい政治を求める後藤らの考えを合わせたものであった。しかし普選即行以外には漠然としたもので、一一月一二日の地方官会議で、その一部が説明されたが、一般には公表はされなかった。それは一つには、震災処理や復興計画を進めることの方が優先問題であり、それがかなり揉めたことや、結局のところ明確な施政方針としてのまとまりに欠けていたことによる。それに復興を進めるためには、議会の多数党や貴族院の支持が必要なことは明らかであった。また閣員の中には、普選即行に反対するものも多かった。

そうした状況下で山本首相は、普選即行を取り下げることにより、野党の位置に立つことになった政友会との妥協の道を探った。山本は、一二月六日に政友会の野田卯太郎・中橋徳五郎・岡崎邦輔と会談し、この会談後、山本首相は普選案回避の方向に転換した。しかしこれは犬養や後藤との約束を破るものであった。

震災措置のため一二月に第四七臨時帝国議会が始まると、政友会は後藤の立てた復興予算案を削減した。後藤・犬養・田らは、衆議院の解散で対抗することを主張したが、山本首相は妥協した。さらに震災にともなう損害に対する火災保険問題で、全額支払いを要求する被保険者に、一割の見舞金を払い保険会社に資金を貸し付けるという政府案が否決されると、田健治郎農商務相は辞職した。このようにして閣内の不統一と首相の指導力のなさが露呈していった。

内閣のとどめを刺すことになったのは虎の門事件であった。一二月二七日、第四八帝国議会開院式に向かう摂政の乗った車が、無政府主義者難波大助によって狙撃された事件である。銃弾は皇太子には命中しなかったが、同乗していた侍従長を傷つけた。責任をとって山本内閣は辞表を提出、皇太子(摂政)の慰留にもかかわらず二九日に総辞職した。内閣全体で責任を取ることに疑問の声もあったが、内閣の将来に見切りをつけていた犬養が辞職を強く主張した結果であった。

政界流動化の兆し

短命であったが山本内閣の出現は、政界再編に大きなインパクトを与えた。内閣に参加した第三党(政党ではなくクラブ組織をとっていた)の革新倶楽部の犬養は、新たな政党を組織して政界のトップに躍り出ようとしていた。いっぽう長く政権から離れていた憲政会にとっては、政権奪取のチャンスであった。憲政会は、内閣が普選実現を掲げたことや震災処理の関係もあり、臨機応変に対応することを方針とした(『憲政会史』)。同時にいつまでも政権につくことができない加藤総裁に対する何度か目の不満が高まっていった。斎藤隆夫は「加藤総裁の無能は党内一般の考なり、困ったもの也」と記している（『斎藤隆夫日記』一九二三年一〇月二一日）。一〇月から一二月にかけては革新倶楽部・庚申《こうしん》倶楽部と協力して新党を作り政権参入を図る動きと、政友会と提携して政党内閣をめざす二つの相反する方向への動きが生まれた。一一月頃には前者の計画がかなり進行したが、加藤らが断固反対したために挫折した。

憲政会よりも深刻なのは、党内の亀裂が大きくなっていた政友会の方であった。非総裁派は、一〇月一五日に運動世話人会を設け、二五日には人心を一新すべきだという決議を行い、一一月一日には幹部組織の交代を求めた。いっぽう総裁派は、しだいに非政党勢力との提携路線に否定的になっていった。政党内閣が原によって成立したことが、政党をめぐる権力争いを高めていたのである。

清浦奎吾内閣の成立

年の瀬の首相選びを主導したのはふたたび西園寺であった。後継者についての西園寺の考えは、五月に予定されていた総選挙を公平に行うことができる者であり、政友会が支援できる非政党人であった。その候補は枢密院議長の清浦奎吾であった。この考えは松方に伝えられ、同意を得た後、一九二四年一月一日に組閣の大命が清浦に降された。

清浦は貴族院の研究会に協力を求め、ついで研究会より政友会への閣外協力が要請された。これは原内閣以来の両者の関係にもとづくものであった。しかし政友会は態度を保留した。非総裁派は支持する方向であったが、総裁派は組閣を失敗させて高橋への大命降下をねらった。支援が得られないことがわかった清浦は、一月三日に大命をいったん拝辞した。清浦は、かつて高橋辞任後の首相候補選びのさいに加藤高明を推薦したことがあったように、すでに政党内閣の時代だと考えていたようである。さらに自分の組閣参謀に、同郷という関係から有松英義《ありまつひでよし》を据えたが、有松は憲政会に近い官僚であった。

大命拝辞を表明した清浦は、平田内大臣・牧野宮内大臣から翻意を促され、組閣にふたたび着手し、研究会を中心に貴族院の各派から成る内閣を一月七日に成立させた。外務大臣松井慶四郎、内務大臣水野錬太郎、大蔵大臣勝田主計、陸軍大臣宇垣一成、海軍大臣村上格一《かくいち》、司法大臣鈴木喜三郎《きさぶろう》、文部大臣江木千之、農商務大臣前田利定、逓信大臣藤村義朗、鉄道大臣小松謙次郎という顔ぶれであった。外務・陸海軍大臣を除き、研究会から勝田・前田・小松、交友倶楽部から水野、公正会から藤村、茶話会から江木、そして鈴木は無所属という貴族院各派を網羅した完全な貴族院内閣であった。政友会との連鎖役であった研究会幹部の大木遠吉《おおきえんきち》は入閣を辞退した。

図45　清浦奎吾

清浦への大命降下に対して、すぐに新聞各紙は反対報道を始めた。内閣は、超然内閣・特権内閣・貴族院内閣として批判され、革新倶楽部は七日、憲政会は九日に反対の態度を明らかにした。政友会も、院外団は早くから清浦内閣を批判する決議を発したが、これは総裁派の横田の影響であったらしい。幹部は、内閣への対応をめぐって二派に分かれた。一月一五日の最高幹部会では、激しい議論の応酬が行われたが決着はつかず、総裁の高橋の決断が求められた。清浦内閣を支持する者は、政友会の伝統は穏健着実であり、直ちに反対を表明すべきではなく、内閣の今後の施政方針を見て態度を決すべきだという主張であった。高橋が出した決断は、非総裁派が期待したような総裁辞任ではなく、清浦内閣の否認であった。高橋は一六日に、華族の地位を放棄し衆議院議員選挙に打って出る決意を党員に向かって公表した。

高橋の総裁辞任を期待していた非総裁派は、一六日夜に脱党届を提出した。それには小橋一太・榊田清兵衛・元田肇・床次竹二郎・中橋徳五郎・鳩山一郎・桜内幸雄などの多くの長老・有力者が含まれていた。ここに政友会は大分裂し、二九日に新たに政友本党が結成された。従う者は予想以上に多く、衆議院が解散された三一日の時点では、一四九人と衆議院の第一党を占めた（政友会残留者は一二九人）。

第二次憲政擁護運動

すでに一月一〇日に政友会の幹部岡崎邦輔は、憲政会幹部の安達謙蔵と会談して、非政党内閣である清浦内閣との対決で意見がまとまり、三派の有志代議士間でも倒閣協定が成立した。政友会の分裂がはっきりすると、一月一八日に高橋は加藤・犬養とともに三浦梧楼宅で会談し、清浦内閣否認、政党内閣確立、貴族院改革を申し合わせ、将来の一致行動を約束した。ここに護憲三派が成立し、第二次憲政擁護運動が開始されることになった。三浦は、しばらく前より三党提携を図っており、枢密顧問官の職を辞して三党首に働きかけたのである。二〇日に三派幹部は、政党内閣の確立、特権勢力の専横阻止、目的貫徹のため将来も一致の行動を取ること、清浦内閣の否認を盟約し、二二日には上野精養軒《せいようけん》で護憲派の大懇親会を開催、二〇〇〇名余りが集い、三党首と尾崎行雄が演説した。

これに対して清浦内閣は、普選法案を枢密院の審査に持ち込んだ。この普選案は、「独立の生計を営む者」に対象を限り、次の次の回の総選挙から実行するというもので、研究会や政友本党の意向に沿ったものであった。これは普選の実行を掲げることで世論の批判をかわす、選挙対策の側面を持つものであった。

図46　第2次護憲運動関西大会に出発する高橋是清と永井柳太郎ら

憲政擁護運動は、三派の結束によって展開された。二月一二日に加藤と高橋が会談（両党幹部も同席）して、選挙後第一党の党首が首相となり連立することを約束しあった。だがそれは、総選挙の中で繰り広げられたものであり、各政党の政策は異なっていた。つまり選挙戦で各政党は戦っていたという点で、第二次憲政擁護運動は選挙運動として展開された。第一次憲政擁護運動の時のように国民大会は開催されたが、民衆が主体であった運動ではなかった。憲政会は普通選挙即行・綱紀粛正・行財政整理を前面に出し、革新倶楽部も普通選挙断行・貴族院令改正・行財政税制整理を掲げた。ところが政友会の政策は農村振興・税制整理・行政整理などで、普選については候補者の判断に任せた。

五月一〇日に行われた総選挙の結果は、憲政会が一四六、政友本党が一一二、政友会が一〇一、革新倶楽部が三〇であり、議席数を増加させたのは憲政会だけであった。

第二次護憲運動は、まだ制限選挙下の選挙戦であったから、選挙権を有しない者が多く属する農民組合や労働運動とは無関係に展開したが、それにかわって大きな役割を果たしたのが地方における新興勢力であった。

名望家秩序の再編

少し時期を遡って地域政治秩序の動きについて見ておこう。一九一三年の第一次憲政擁護運動の全国的昂揚や、一九一五年総選挙における大隈人気を支えたのは、都市部や地方において新しく出現してきた青年党や市民結社であった。伊藤之雄は兵庫県但馬地方と同地を選挙地盤とする斎藤隆夫を題材として、地方における名望家秩序の動揺と再編を明らかにしている（伊藤一九八七）。斎藤を押し立てた豊岡立憲青年会は、社会的には中間層に属する人々によって構成された団体であり、大正初期にはまだ但馬地方政界を主導していたわけではなかった。そのため斎藤の地盤は不安定であり、すでに代議士に当選していたが、原内閣時の総選挙では、旧来の大地主を中心とする名望家たちを中心とする政治体制（名望家秩序）に阻まれ、落選した。斎藤を支援した青年たちは、第一次世界大戦後の新思想の影響を受けており、地方利益に無関心ではなかったが、やがて地域外への問題にも積極的に関心を持つようになり、旧来の秩序の変革を求めて普選や新たな農村振興策を求めるようになっていく。そして一九二四年の総選挙にあたっては、憲政会と結びついた各郡の青年党が急速に勢力を拡大し、斎藤も旧来の名望家秩序を基盤とした政友本党の候補に大差をつけて当選したのである。

東京の状況

都市部においてはどうであったろうか。ここでは東京市内の状況を示そう。東京の場合は、大正前半までの地域政治を担ってきたのは、一八八九年の市制施行前後に生まれた各区を単位とする公民団体（自治団体・公共団体）であった。公民団体とは、制限選挙下で選挙権を有する者＝公民資格を有するものが組織した団体で、公民が名誉職として自治体を運営するという理念にもとづき創設されたものである。区に一つ、あるいは複数存在した公民団体は市区行政を担ったが、いっぽう各種選挙において候補者の推薦・調整機能を果たしていた。公民団体と政党との直結は見られなかったが、議員個人レベルでは一九〇〇年頃からは政友会の影響が強まっていた。公民団体は「弁護士、医師、地主、家主等家業上多少の余裕ある者、又は公共事業に趣味ある者数人若くは十数人を幹部とし、各町の有志者、差配人、衛生組合の役員その他が評議員、或は委員として会務に参与し、各種の選挙、その他大小の事件ある時各々部署を定め、連絡を保ちて組織的運動に従事するを常とす」る（松島剛「東京市政改善の要訣」『都市公論』四巻一一号）と述べられているように、都市部の有産者である比較的上層部の名望家に近い人々によって担われていた。

もともと一八八八年に定められた市制・町村制の規定によると、納税額の多寡によって有権者は、市は三階級、町村は二階級のグループに分けられ、同数の議員を選ぶことになっていた。納税額の多い者によって構成される二のグループは、下のグループよりも有権者はかなり少なくなり、時には数人で一人の議員を選ぶというようなことも起こった。したがって公民団体で行われる有権者間の相談が有効に機能したのである。しかし一九二一年の市制・町村制改正によって、有権者資格がかなり拡大されるとともに、上述の有権者グループが市においては二階級となり、町村においては階級が廃止された。そしてこれは衆議院議員の普選法が通過して後のことになるが、一九二六年の市制改正により、市町村選挙でも普通選挙となり、市における階級が廃止される。

有権者の拡大と選挙制度の変更によって、公民団体の地域政治に対する影響力は、大正期に入ると動揺し、やがて公民団体は一九二〇年前後からは政友会と憲政会の直接的な影響下に入り支部化していくと同時に、議員の大幅な入れ替えがもたらされた。一九二〇年代における市会議員の入れ替わりは、選挙毎に五〇％を超えた。東京市会議員の職業は、農牧林漁業・工鉱業者は少なく、商業・交通業者と公務・自由業（これには弁護士・銀行員・サラリーマンなどの都市的職業が含まれる）がほぼ同じ割合であったが、大正からは自由業が増加した。

一九二二年の市議選では「市政刷新」が叫ばれた。その時に批判されたのが、「名誉職屋と呼ばれる職業政治家」であった。それがこれまで各区内における公民団体を基盤にして選出されてきた者を指していた。「区内一小部分の世話役を以て自任し、（中略）選挙に際しては乞食の真似に類する戸別訪問を為して平身低頭する、（中略）彼等は多くは法律で許される丈けの名誉職と称するものは、府会議員、市会議員、更に区会議員と云ふ風に一身に之を引受け、名誉職屋と云ふ俗称を受けて」いると批判されている（『東京朝日新聞』一九二二年六月三日）。原内閣時の市町村制改正による納税資格の緩和によって、有権者数が約三・三倍となり、さらに従来の三級選挙が二級選挙に改められたことが、選挙戦に大きな影響を与えた。新しい一級選挙人は従来の二級・一級選挙人を引き継ぐものであり、新しい二級選挙人に従来の三級選挙人と多くの新有権者が加わることになった。その新二級の新しい有権者には、いわゆる新中間層が多く、彼らはこれまでの地域政治構造の核であった公民団体からは離れた部分にいた人々であったと思われる。そしてそれらの人々は、どちらかと言えば非政友支持者であった。そのことが大きな政界変動をもたらすことになる（以上、櫻井二〇〇三）。

以上のような農村部・都市部における新興勢力の登場が、これまでの政友派の地盤を切り崩し、一九二四年選挙における憲政会の勝利を導く一因となったのである。

2―加藤高明内閣の内政

護憲三派内閣の成立

五月一〇日の総選挙の結果は、護憲三派の圧倒的勝利だった。しかしそれはすぐに護憲三派内閣の成立を意味するわけではなかった。第一党となった憲政会も過半数からはるかに遠く、分裂して戦った政友会と政友本党の議席数は、両者が再合同すれば第一党になる数だった。もし政友会が分裂していなければ、政友会の勝利（少なくとも敗北とは言えない）の可能性が高かったのである。現に政友本党の床次は、政友会と提携すれば政権を担えるため、政友会との提携の動きを見せた。いっぽう護憲三派の党首たちは、選挙後の協力を約束していたが、協同一致の姿勢をすぐに見せたわけではなかった。それに選挙に勝利したからといって、大命が誰に降るかは当選者数とは別の話であった。そもそも清浦内閣は継続しており、衆議院選挙での敗北によって、すぐに辞職する必要も決まりもなく、議会の様子を見た後に態度を決すればよかった。もっとも清浦自身は政権維持に淡泊であり、高齢で時代錯誤であることを自覚しており、選挙管理内閣の役割を果たし皇太子の結婚式後の関連行事を済ませて、六月七日に総辞職した。

後継首相選びは、松方が病気のためふたたび西園寺に委ねられた（松方は七月二日に没し、以後は西園寺が唯一の元老となる）。西園寺は、平田内大臣にも諮問するよう摂政宮に働きかけ、西園寺と平田はともに加藤高明を推薦した。西園寺は加藤を「内政は別とし外交が可《い》かぬ」と考えていた（『大正デモクラシー期の政治　松本剛吉政治日誌』一九二四年一月一九日）から、これは不本意なものだった。しかし加藤以外の者を優先させることもできなかった。すなわち村井良太が指摘しているように、加藤は戦前、実質的に選挙結果によって選ばれた唯一の首相となった（村井二〇〇五）。加藤からすれば、元老と妥協することなく、政党内閣を成立させることに成功したわけである。

内閣の顔ぶれ

六月一一日に内閣が成立した時の閣僚は、外務大臣幣原喜重郎、内務大臣若槻礼次郎、大蔵大臣浜口雄幸、陸軍大臣宇垣一成《うがきかずしげ》（留任）、海軍大臣財部彪、司法大臣横田千之助、文部大臣岡田良平、農商務大臣高橋是清、逓信大臣犬養毅、鉄道大臣仙石貢であった。内閣は、政党総裁である加藤が首相となり、閣僚も、外務・陸海軍大臣と貴族院議員で憲政会に近い岡田を除いて政党員であったという点で政党内閣と呼べるものであった。しかし衆議院に議席を持つものは、憲政会からは浜口ただ一人、そして政友会から華族を辞して当選した高橋と、横田、それに革新倶楽部の犬養であった。

また憲政会が内務と大蔵の主要ポストを取り、政友会からは高橋と、それを支えた横田の二人が、革新倶楽部から犬養が、それぞれの党を代表して入閣する（ただし主要閣僚ポストではないという）ような憲政会偏重の布陣となったことは、政友会の反発を招いたが、加藤首相は突っぱねた。このような組閣にあたってのささいなできごとは、内閣の行く末を暗示していた。ただ政友会総裁の高橋は、憲政会と政友会の政策対立のなかで、なるべく三派の連立維持を図り無理に政権奪取を図ろうとしなかったため、対立が決定的になることはしばらくなかった。

図47　護憲三派内閣として成立した第一次加藤高明内閣

憲政会の従来からの政策は、綱紀粛正・普選即行・行財政整理の三大政策であった。第一次加藤内閣でまずめざされたものが、財政の緊縮、そのための行財政整理であった。具体的には、公債支弁事業の整理および非募債主義によって国債の信用を高めること、国家財政についても緊縮財政方針が貫かれ、一般会計で一億五二〇〇万円、特別会計で九九〇〇万円、計二億五〇〇〇万円の整理案が立てられ（議会では圧縮された）、それに見合う行政整理がなされた。この過程で鉄道建設計画の見直しについて、政友会が消極的であったので揉めたりした。同様に税制整理をめぐって憲政会と政友会との間には対立があり、それが大きく問題化するのは翌年のことである。陸軍においては四個師団廃止（高田第一三・豊橋第一五・岡山第一七・久留米第一八師団）が決まったが、削減された予算が戦車や飛行機などの装備の近代化に振り向けられた。これを陸軍大臣の名を取って宇垣軍縮と言う。

なお八月一二日に政務次官と参与官の設置が決まった。これは第二次大隈内閣での参政官・副参政官設置を引き継ぐものであり、議会政治を発展させるために政治任用の範囲を拡げるとともに、政務と事務の区別を明確にして綱紀の紊乱《びんらん》を避けることをめざしたものであった。

普通選挙法案

憲政会と政友会の政策的対立は、まず議会運営に表われた。加藤首相や憲政会は普選法案の通過を優先し、そのために貴族院改革に妥協的になったのに対して、政友会はその反対であった。

まず長年の懸案であった普通選挙法がどのようにして成立したのかを見よう。総選挙後の第四九帝国議会で加藤首相は、年末からの議会に普選法案を提出すること、いっぽう貴族院の改革法案については慎重に研究していると述べた。貴族院改革について明言していないところに、熱度の差を見ることができよう。九月にまとめられた普選法案は三派の協議に回された後、一一月六日に成案となった。

普選法案は、憲法に関連する重要法案であったため、議会提出前に枢密院での事前審査が必要だった。その枢密院は、古手の官僚政治家が権力を握っているところであり、普選には消極的であった。政府原案が枢密院にかけられたのは一二月一六日のこと、それから審査が翌年の二月二〇日まで行われた。ずいぶん時間がかかっている。もっとも大きな問題になったのが、選挙権の欠格条項であった（華族の戸主が選挙権・被選挙権を持たないという条項についても揉めたがここでは述べない）。納税資格の廃止は受け入れるが、他人の救助を受ける者（これには学生が含まれる）については選挙権を与えないというのが、枢密院が行った修正であった。政府原案にある「生活の為め公費の救助を受くる者」は、選挙権を持てないという欠格条項の規程であったが、枢密院は、その一字だけを変えて、「生活の為め公私の救助を受くる者」と修正したのであった。私人の救助を含めると、あまりにも幅が広くなるため、内閣はこれに対して「貧困の為め公私の救恤《きゅうじゅつ》を受くる者」と、「貧困の為め」という語句を加え、「救助」を「救恤」という語句に変えることで、救助の幅を狭くする意味を持たせることで妥協した（このほかに被選挙権については三〇歳以上になった）。さらに枢密院は、「教育の普及と思想の善導、国内行政の取締を充分にし、普選実施後の対策に遺憾なからしむこと」という付帯決議を付けた。

二月二一日に衆議院に上程されたところ、野党の政友本党からは世帯主に選挙権を与えるという修正案が出された。それに家長に選挙権を与えるべきだとする家長選挙制を主張する国家主義団体の反対運動が加わった。この運動をリードした内田良平《うちだりょうへい》は、日本の国体は天皇を頂点とする家族国家であり、普通選挙に国体を破壊するものとして反対した。衆議院では相当な議論の後、三月二日に通過した。ところが反対意見が強かった貴族院では、欠格条項について幅を広げる意味を有するような修正を加えた。それは「生活の為め公私の救助を受け又は扶助を受くる者」というもので、「貧困の為め」を「生活の為め」に改め、「救恤」を「救助」に戻し、さらに「又は扶助を受くる者」を加えた。これは政府にとっては受け入れがたい修正であった。会期延長がなされ、最後の妥協が図られ、問題となっていた欠格条項の最初の部分に「貧困に因り」を加えることで妥協がなされ、難産であった普選法案は三月二九日に両院協議会を通過し成立した。

またこの時の選挙法の改正により、一選挙区の定数が三人から五人の中選挙区制とされ、立候補制の導入がなされ、運動費用の制限と戸別訪問の禁止などが定められ、公正な選挙運動への歩みが進められた。

貴族院改革

貴族院改革問題は、護憲三派内閣が清浦貴族院内閣を批判して成立した経緯や、普選法案の貴族院審議とが絡みあった結果、より複雑で難しい問題となった。貴族院は内閣に反発していたからである。加藤首相は、普選法案を優先させるために貴族院に微温《びおん》的だったが、政友会は厳しかった。これは貴族院令改革法案の差にも表れていた。衆議院を貴族院に優越する議院とするというような改正案は憲法改正でもしなければ不可能であったため、あり得なかったが、政友会の案は、議員定数の削減や、勅撰議員資格の設置、多額納税議員の廃止、貴族院令改正における貴族院同意条項の削除など、実質的に貴族院の権限を弱めようとするものであった。加藤内閣が迎えた最初の議会の七月一七日に、「貴族院制度改正に関する建議案」が衆議院を通過、内閣では一〇月一〇日に貴族院調査委員会を設けて検討を開始した。しかし一月二三日に決定された貴族院制度改正綱領は、根本的な権限におよぶものではなく、有爵議員年齢の引き上げ、有爵互選議員定数の削減、多額納税議員有権者数の拡大、帝国学士院互選議員の新設などが、その内容となった。この案が枢密院に諮詢の後、会期末が迫った三月九日に貴族院に提示された。

加藤首相は、貴族院研究会幹部の水野直らと水面下で交渉を行いながら、もし普選案をあくまで貴族院が阻止するならば、貴族院議員が好まない互選議員選挙規則の改正などに踏み込む態度を示して譲歩を迫った。貴族院内の反対は強く、成立が危ぶまれることもあったが、改正案はようやく三月二五日に貴族院を通過した。改正貴族院令が公布されたのは、再度の枢密院審査がなされた後の五月五日のことであった。

治安維持法の通過と社会政策立法

普通選挙法と抱き合わせで通過したのが、悪名高い「治安維持法」であった。その第一条第一項で「国体ヲ変革シ又ハ私有財産制度ヲ否認スルコトヲ目的トシテ結社ヲ組織シ又ハ情ヲ知リテ之ニ加入シタル者ハ十年以下ノ懲役又ハ禁錮ニ処ス」と規定した同法は、この後、社会主義にとどまらず、あらゆる思想弾圧の根拠となった。普選法案通過直前の三月一九日に成立したということは、貴族院の反対を緩和させる意味や、枢密院審査での付帯決議に対応するものであった。しかし先に述べた（本書一五八頁）震災時の「治安維持ノ為ニスル罰則ニ関スル件」（適用事例は二〇件にすぎないという）が、より広く社会主義に限らない範囲の行動を取り締まることができる可能性があったことを考えると、治安維持法はその継続的側面を持ちながら、結社および結社の協議・煽動禁止に限っており、むしろ取り締まりの範囲を制限した側面があった。加藤首相は思想の抑圧を好まなかったから、宣伝の取り締まりについて嫌っており、そのために結社禁止法案となったという。もっとも運用はまったく別な話で、特に一九二八年の改正により「死刑又ハ無期若ハ五年以上ノ禁錮」と刑罰が拡大され、さらに七ヵ条にすぎなかった条項が一九四一年には六五ヵ条におよぶ大法律になるとは予想していなかっただろう。

二月一九日からの衆議院審議で、若槻礼次郎内相は、無政府主義・共産主義取り締まりの必要性について、国内における運動の拡大と、日ソ国交回復による世界共産主義運動への対応措置が必要であると訴えた。議院で問題となったのは、この法律の持つ曖昧さであった。国体の変革が幅の広い概念であり、また煽動行為もあやふやな規定であり、拡大解釈できる余地と危険性があった。特に革新倶楽部代議士たちは反対し、当初案にあった政体の変更を取り締まれる語句を削除したことで議会は通過した。民主主義運動に関連がおよびかねない政体の変更を削除したことで、議員の政治活動の自由が確保されたと理解したのであった。治安維持法は四月二二日に公布され、五月一二日に施行された。

同法が適用された事件として最初に注目されたのは、一九二六年一月の京都学連事件である。京都帝国大学と同志社大学の社会科学研究会が、国体変革・朝憲紊乱のおそれがある出版物を出したとされ、京都府特高課《とっこうか》による家宅捜査を受けたものであった。一月一五日に検挙された学生たちに判決が下されたのは一九二七年五月のことであり、最初の適用は、それなりに慎重に手続きは進められた。だがやがて国体変革は拡大適用され、結社禁止は、その他の団体の活動を萎縮させる結果となっていった。

いっぽうで加藤内閣の下では、社会政策立法が成立した。これは第一次世界大戦後に激化した階級間対立へのささやかな対策であった。小作調停法案は、深刻さを増してきた地主と小作人間の対立の緩和を狙ったもので、借地借家臨時処理法案は震災の善後措置に関する側面を持つものであったが、同時に大家と借家人間の対立を意識したものであった。そしてこれは実現しなかったが、健康保険法・労働組合法や労働争議調停法の検討が進められた。このように加藤内閣は、これまでなかなか取り組むことが難しかった労働問題・農民問題などに手をつけ、社会変動にある程度対応して、社会主義運動の激化を抑え、既成政党勢力による政治改革を図ろうとしたのである。

図48　田中義一

護憲三派内閣の崩壊

一九二五年二月四日、原敬没後の政友会をリードしてきた司法大臣の横田が没した。ついで四月一三日に政友会総裁が、高橋から、新たに入党した陸軍出身の田中義一に交代した。田中は入閣せず、護憲三派の維持よりも政権奪取をめざしたため、三派の結束は一挙に緩くなった。さらに五月一四日に革新倶楽部が政友会に合同し、犬養も政界引退を表明した。ちょうど四月一日に農商務省が分割されて設置された農林省・商工省の大臣任命もあり、以上の変動にともない後任の大臣は、政友会長老の小川平吉が司法大臣、岡崎邦輔が農林大臣、野田卯太郎が商工大臣に、憲政会幹部の安達謙蔵が逓信大臣に任じられた。

しかしまもなく、護憲三派内閣は閣内の意見不一致により瓦解する。その原因は税制整理問題であった。政友会は積極財政を基調としており、加藤内閣の行財政整理による公共事業費の削減・繰り延べには反対であった。政友会は、地方投資財源として地租を国税から地方へ委譲することを主張しており、憲政会は地方投資とは切り離して税制改革を先行させる方針であった。七月二九日の閣議で、政友会の小川と岡崎が税制調査会による報告案に反対したため、加藤は三一日に辞職を表明、閣員もそれにならい辞職した。政友会は、倒閣による政権奪取をねらったのである。

第二次加藤高明内閣

しかし政友会に政権は回っては来なかった。内閣が倒れた時に反対党から首相が選ばれる慣行は成立しておらず、後継首相の奏薦にあたった西園寺は、八月一日に牧野内大臣の意見を徴した上で、加藤への大命再降下を奉答した。一九二四年秋頃から西園寺は、加藤内閣に「頗《すこぶ》る好感」を抱くようになっており（『大正デモクラシー期の政治　松本剛吉政治日誌』三月五日）、反対に政友会への評価は下がっていた。この時になされた西園寺の判断の基準は、加藤内閣が世論の支持を失っていないこと、憲政会の行動が立憲的であるのに対して、政友会の態度が余りにも細工に過ぎていたと感じたことにもとづいていた（「加藤第二次内閣成立之経過」、『牧野伸顕日記』八月一日）。西園寺の考え方は、対外政策においては英米との協調を重視し、内政面においては民本主義を尊重し、権力抗争的な政治を嫌ったもので、この姿勢は昭和期まで続いていく。

第二次加藤内閣は、それまで党の中心として加藤に仕えた江木翼《えぎたすく》を司法大臣に、早速整爾《はやみせいじ》を農林大臣に、片岡直温《なおはる》を商工大臣に登用し、八月二日に組閣された。しかし憲政会単独による内閣は、与党として衆議院の三分の一程度の議席数しか持たず前途多難であった。そのためまず貴族院の研究会と公正会員に政務次官・参与官の椅子を提供することにより融和を図り、衆議院では貴族院と関係の深かった政友本党にも働きかけを行った。政友本党には、憲政会と提携して政権参加を図る憲本提携路線と、政友会との再合同をめざす政本提携路線とがあったが、前者が翌年の議会では優勢となった。これにより内閣は衆議院の過半数の支持を確保し、議会を乗り切れる体制ができあがった（政本提携を主張するメンバーは政友本党を脱党した）。この憲本提携が発展したものが、一九二七年の民政党結成であった。

しかし加藤首相は、一九二六年一月二一日の施政方針演説の翌日の午後、病気に倒れ、二八日に急逝してしまった。倒れた加藤に代わって、一月三〇日に内閣をそのまま引き継ぐ形で組織したのが若槻礼次郎である。第二次加藤内閣は、税制整理を実行し、将来は社会政策・人口政策・生活問題等の社会矛盾への対応策に着手するなど憲政会らしい政策を掲げたものの、それを実現する前に加藤が亡くなってしまったため、業績はほとんどないと言って良い。しかしこの時期に立てられたさまざまな構想は、のちに浜口雄幸民政党内閣で結実していくことになる。

3—国際協調外交と中国内政不干渉

幣原外交

さて目を外に転じよう。護憲三派内閣の中心となった憲政会は、これまで野党として中国革命派支援や英米からの自立的外交を唱え、北京政府による日本権益の侵害や、日本権益を欧米の意向に沿って譲歩することには反対してきた。そのため、憲政会の外交政策は、中国に対しては内政干渉的に、英米に対しては非協調的に見られていた。しかし予想に反して加藤内閣下では、後に幣原外交と呼ばれることになる対英米協調・対中国非侵略・不干渉外交などを柱とする外交が繰り広げられた。これは原内閣以来の外交政策を踏襲したものと位置づけられているが、いっぽうでは第二次大隈内閣の加藤外相時代の対英（米）協調路線と中国内政不干渉路線を引き継ぐとともに、帝国主義的な対中強硬外交を取り去ったものと言うこともできる。さらに一九二五年一月二〇日には日ソ基本条約が調印され、ソ連との国交回復がなされた。これにともない五月に、保障占領していた北カラフトから最終的に北樺太派遣軍が撤退し、名実ともにシベリア出兵が終了した。

加藤内閣が最初に直面した外交問題は、五月二六日にアメリカで排日移民法が成立したことへの対応であった。これは帰化不能外国人の入国を禁止したもので、これにより自主規制されてきた日本人移民は絶対的に禁止された（もちろん観光や学生、一時的用務による入国は除く）。そしてこれは日本国内における反米世論を高め、黒龍会《こくりゅうかい》のような国家主義団体のみならず、新聞社なども敏感に反応して、七月一日には国民大会が開催され、反米デモが起こされた。外国人の多い神奈川県では通牒により取り締まりにつとめたが、横浜市西戸部町水道路先や小田原に排米ビラが貼られ、アメリカ人宣教師に対する退去勧告や米貨不買勧告がなされ、横浜キリスト教青年会館や長者町新生館演芸場では対米演説などがなされた（「自大正大震災前後至同十三年末神奈川県外事警察概況」）。日露戦後に移民は自主規制されていたから、これは実質的な損害というよりも国としての体面にかかわるものであり、反発は感情的なものであったから、かえって鎮めることが難しかった。そしてこれは、ワシントン体制を英米両国による日本を押さえ込む不利な体制であり、日本はそれを打破しなければならないというような対外硬意識となって、一九二〇年代後半になると表面化してくることになる。

図 49　排日移民法への抗議として行われた米貨排斥

加藤内閣は、排日移民法について抗議はしたものの、特に何の対策も取らなかった。加藤は以前から排日問題について、アメリカの態度が変わらなければ、どうすることもできない問題だと考えており（『東京朝日新聞』一九二〇年九月一日）、加藤内閣でも、アメリカ国民一般の正当な理解に待つほかはない（幣原喜重郎「帝国外交の基調」）として、放っておき荒立てないという姿勢を採った。このような態度は、加藤の登場に危惧を抱いていたアメリカ側を安心させ、協調関係の基礎となった。組閣当初、アメリカは加藤について、野党党首としてワシントン会議の結果に反対したこと、対華二一ヵ条要求の責任者として中国に対する宥和政策を継続するかどうか疑問がもたれていると心配していたからであった（一九二二四年六月一一日付国務省宛グレイ電報）。

中国内戦への対応

難しかったのは中国への対応であった。ワシントン体制が有効に機能するためには、中国情勢の安定が不可欠であった。なぜなら中国の内戦が激化することは、列強間の利権獲得競争を誘発したり、あるいは中国に対する国際共同管理体制を構築させる方向をさらに進めたりする可能性があり、反対に中国の統一が進み国権回収運動が拡大することは、列強の諸権益を脅かす危険性があり、どちらにしても日本にとっては不利益だったからである。

臨城《りんじょう》事件以後、中国国際共同管理論が列強の間で強まっていた。臨城事件とは、一九二三年五月に起こった中国私兵による汽車襲撃事件で、少なくない数の欧米人が人質となった。この事態を重く見たイギリスが鉄道の列国共同管理を、アメリカが国政全般の共同管理を主張するようになったと支那駐屯軍司令部『支那共管問題の研究（第二）』は述べている。ワシントン体制は、列強の中国における既得権と、ある程度の自主裁量権を認めており、中国の混乱が増すことは国際共同管理論を加速させ、それにともない各国の既得権を否定するおそれがあった。ワシントン体制下の国際協調外交は、中国の現状維持の上で日本が中国情勢を主導すべき中心に立つべきだという考えを否定するものではなく、その点で日本は受け入れることができるものだったが、それ以上進むことは好ましくなかった。

そして実際には、中国情勢はかなり不安定であった。一九二四年九月の第二次奉直戦争で、張作霖は反撃に出た。この戦争では、馮玉祥《ふうぎょくしょう》が呉佩孚を裏切ったことにより一一月下旬に張の勝利となり、張は段祺瑞を擁立して北京政権を掌握した。加藤内閣は、幣原外相の主張によって九月一二日に不干渉の「根本方針」を決定し、二二日にそれを公表した（「出淵勝次日記」）。だがこの時、もし戦争が満蒙地域に拡大していたら、不干渉方針が貫かれていたかは疑問である。戦火が満蒙に拡大しなかったのは、天津に駐屯する日本軍による工作（資金供与）によって馮が裏切ったというのが真相であった（外務省もそれを感づいていた）。また一〇月二四日より関東州から二個大隊の増兵措置がなされた。

同様な対応は、一九二五年一一月下旬の郭松齢《かくしょうれい》事件のさいにも取られている。郭松齢事件とは、張作霖に対して部下の郭松齢が反乱を起こし、張が窮地に陥った事件である。内閣は、一二月四日の閣議で絶対的不干渉主義を確認したが、いっぽうでは関東軍へ二五〇〇名の増兵と、関東州から天津に一個大隊二二〇〇人の送付措置が取られた。これは張支援の意味を持ち、その結果、郭軍の形勢は悪化して反乱は失敗した。

この両度の派兵は不干渉方針を若干逸脱するものであったが、期間は三ヵ月から五ヵ月程度であり兵力も少なかったため、加藤は議会で、列国と協調して不干渉の態度を厳守したところ、幸いにも戦禍は満蒙におよばず、列国協調は一層緊密になり中国にも信義を貫徹し親善を深めることができたと誇れたのである（「第五十議会に臨みて」）。もし事態が深刻化して派兵数が拡大したり部隊の駐留が長びけば、干渉はもっと目立つことになっただろう。

中国における国権回収運動も高まっていく。それを象徴するのが一九二五年の五・三〇事件であった。これは上海の在華紡《ざいかぼう》（外国資本による中国の紡績工場）での労働争議を発端とするもので、中国人デモ隊とイギリス租界警察の衝突に発展した。これ以後、イギリスは華中・華南で中国ナショナリズム運動の矢面に立つ。いっぽうで日本は、イギリスからの協力要請を断り静観の態度を取り関与を避けた。これは日英間の不協和音を生むこととなった。ワシントン体制のところで述べたように、対中不干渉政策は、日本の優位性を獲得するための選択肢の一つであった。一九二五年一〇月からの北京関税会議において、中国の関税自主権回復要求に対して前向きな態度を表明したのも同様である。

ただし、このような対英米協調・中国内政不干渉政策を基調とする幣原外交は、軟弱外交として批判された。たとえば本書で数回登場した政界の策士長島隆二は『政界秘話』（一九二八年）と政治小説『陰謀は輝く』（一九二九年）で、一九二四年から始められた田中義一の政界引き出し工作の思惑を外交政策と絡めて、以下のように記している。

幣原外交批判

長島らは、新党を創設し、その総裁に大物を据えることによって政界の局面転換を図ることを計画し、憲政会の非幹部派、政友会の横田・小泉策太郎《さくたろう》、革新倶楽部の犬養毅・秋田清らと連絡をとりながら、政友会の大部分と革新倶楽部、それに憲政会の一部を糾合した政界再編を構想していた。その大物と目されていたのが田中義一であり、田中の擁立運動に関しては、陸軍機密費が長島や秋山に出されていた。いっぽう長島らは、ワシントン体制下の協調外交について、満洲権益維持のために他のすべての利権を放棄し内政不干渉政策を取ったことが基本的に誤りであり、日本の「軟弱外交」が中国の親日派（ここでは中国の国民党を指す）のソ連への接近と北京政府の英米への追随を導き、日本の孤立化を深刻にしたと言う。同じように幣原外交についても、中国本土に関する利益を譲歩してしまっては、やがて問題の火の手は満蒙に移ってくるのであって、日本はあらゆることを問題として取り上げて、初めて満蒙権益を確保できるとして批判した。

このような考えにもとづき長島らのグループは、新党を創設して田中を総裁に据え、外交政策の転換を図ろうとした。新党は、中国の革命派との同盟関係を結ぶこと、満蒙・シベリア方面に強固な経済的立脚地を確保することを外交政策として掲げる予定であった。このような計画は、砂上に楼閣を築くもので、実現性に乏しかった。実際には、一九二五年の田中の政友会総裁就任や革新倶楽部との合同は、長島らの意図通りに進んだものではなく政友会が主導したものとなった。しかし政界を取り巻く思想状況の一端を表していることは事実であり、後に田中義一首相兼外相の下での幣原外交の修正（たとえば山東出兵）が行われる下地となった。以上のような動きは、日露戦後に生まれ、第一次世界大戦中に育ったアジア主義的な考え方の一部を構成する日中経済一体化・満蒙領有論的な考え方（もともと憲政会に強かったもの）を、政友会が吸収していったと見なすこともできよう。

大アジア主義

第一次世界大戦中の一九一五年六月に、一人の亡命者がインドから日本に逃れてきた。ラス・ビハリー・ボースである。彼は新宿の中村屋の相馬愛蔵《そうまあいぞう》・黒光《こっこう》夫妻にかくまわれた。そしてそれを応援したのは、頭山満《とうやまみつる》とか内田良平、それに第一次世界大戦後から活動を始めた大川周明のようなアジア主義的な色彩を持つ国家主義的運動家たちであった。彼らは日本を盟主としてアジア諸民族が結びつくことにより、日本国家の発展を願った。その提携の範囲は、日露戦争以前は中国・朝鮮・フィリピンであったのが、第一次世界大戦をへると、視野は拡大して遠くインドや中近東にまで広がって行く。警視庁外事課の『大正十一年六月末日現在欧州関係事務概要』（外務省記録）は、戦前の数少ないイスラム研究者として代表的な人物であった大川周明について、「熱烈なる印度同情者にして予《かね》て印度に関する造詣《ぞうけい》深く在京印度人中の主なるボース、サヴァルワル等とは最も親交あり而《しか》して猶存社《ゆうぞんしゃ》の牛耳《ぎゅうじ》を採り一方黒龍会方面との交遊も少からず、常に亜細亜《アジア》の結合連盟を理想とし英国の印度政策に極力反対するものなり」と紹介し、在京要視察インド人四人と、それを応援する大川ほか日本人九人の経歴を挙げている。大川は後に五・一五事件を煽動したことでも知られている。この頃、フィリピンの独立運動家アルテミオ・リカルテも横浜に亡命していた。

図50　孫文・李烈鈞・ボースなどの名が刻まれている「東洋平和発祥之地碑」（1933年2月建立）

しかし同時に、アジア諸民族間に勃興してきたナショナリズムと帝国主義外交批判の潮流は、もはや日本との素朴な連帯を不可能にしていた。かつて日本に頼ることの多かった孫文は、その死の前年一九二四年一一月に最後の訪日を行い、有名な大アジア主義演説を神戸で行った。そこで孫は、大アジア主義とは圧迫されている民族の不平等を打破することだとし、日本政府に対して、日本民族は西洋の覇道《はどう》文化を取り入れていると同時にアジアの王道の文化も持っている、今後日本は西洋の覇道の手先となるか、東洋の王道の砦《とりで》となるのか、日本人によく検討してもらいたいと述べて、日本政府に帝国主義政策の放棄を求めた。これは日本のアジア主義にもはや期待しないということの表明でもあった。

小日本主義

いっぽう国内でも、それまでの日本の発展のあり方を変えるべきだという主張がなされていた。その代表が石橋湛山《いしばしたんざん》の小日本主義の主張であった。石橋は、第一次世界大戦が始まると、青島領有を否定し、満洲権益の放棄を主張したことがあった（『東洋経済新報』一九一四年一一月一五日）人物であり、大陸への領土的拡大に否定的であった。それは大戦後の日本が、「極東の平和に対する最大の危険国」であると見なされるようになり、また中国人の怨恨を買うようになることをおそれたためであった。一九二〇年代に入ると石橋は、さらに「大日本主義の幻想」（『東洋経済新報』一九二一年七月三〇日・八月六日・一三日号）で、朝鮮・台湾・カラフトを棄てる覚悟が必要だと主張した。植民地領有は経済的にも軍事的にも割に合わないものである。まず貿易上において日本の主な利益はアメリカ・インド・イギリスとの関係から得られるのであり、朝鮮・台湾・カラフト・関東州が日本の経済的自立に欠くべからざるものだという説は取るに足らない。さらに軍事上においては、軍備は他国を侵略するか侵略されるおそれに備えるものであり、日本が中国やシベリアを縄張りとしようとする野心を棄て、植民地も入り用でないという態度に出れば戦争は起こらないのであって、むしろ勢力範囲を設定することが国防の必要をもたらしているのであり、大日本主義は無価値である。さらに今後の世界は、いかなる国も異民族や異国民を併合し支配することはできなくなる。過去において併合したものもしだいに解放して独立または自治を与えるようになり、朝鮮独立運動、台湾議会開設運動、中国やシベリアの排日を、警察や軍隊の干渉圧迫で抑えつけることはできないならば、早くこれらを棄ててしまうことの方が賢明であり、それを進めることによって、将来これらの地域の人々との親密な関係を築くことにつながると主張した。

石橋のような植民地放棄の意見は少数であったものの、日本の経済的繁栄を、国家の膨張ではなく、英米との通商関係の発展に置く見方は、アジアや満蒙への発展こそが日本繁栄につながるという見方と対照的であり、このように相反する潮流が、第一次世界大戦後から一九二〇年代初めにかけて、政府の満蒙権益現状維持路線を夾撃していたのである。

転換期としての大正国際社会――エピローグ

一九一九年に吉野作造は黎明会の講演で、国際関係の見方について人々が陥りやすい傾向に注意を促している。今の社会にも通用しそうな内容なので、少し長く引用しよう。吉野は言う。

吉野作造の警句

朝鮮やアメリカや中国との問題が、いつでも紛糾して常に解決の困難を感じる一つの原因は、国民が対外問題について「常に『自己を反省する』といふ用意を欠いて居る」ことに起因する。たとえば中国留学生の排日運動の原因を、留学生が悪い、誰か煽動《せんどう》する者がいる、朝鮮の排日運動を某国宣教師の煽動とか天道教の煽動だとか言い、何か難しい外交問題が起こると、すぐに昂奮して、冷静に自分を反省するということをしないのは遺憾である。自己を反省するという訓練を欠くことは、「相手方の気持、相手方の心持を諒解《りょうかい》するといふことを努めない」ことにつながりやすい。自分が相手に対して、これだけのことをしてやった、これだけの善政をしているから「相手方は不平を言ふ筈はない」と決めてかかっている。しかし相手の心持ちを尊重してかからないと「親切が仇《あだ》になることがある」、植民政策に成功するには、この点の注意が最も肝要である。この点について我々国民が深く反省することがなければ、対外発展において「大和民族の成功は覚束《おぼつか》ないと思ふ」。自己反省を欠いて相手方の心理を尊重しないために、その背後に別の原因を求めて、たとえば中国の排日が起こると、親米派とかいう部類の中国人が煽動したとか、米国人のある者がやってきてどうとか、「何か一人二人の怪物が後ろに居つて多数を操縦した」ように見る、このような事件の背景に黒幕がいるというような見方は、「事件の真相を見誤る」ものであるとともに、逆に我々が向《あい》こうに行ったときに、その国の「国民を対手《て》にせずして、二人三人の有力な個人のみを相手にして仕事をやらうとする」ことになる。

図50　吉野作造

吉野は、ある国際問題が起こったときに、問題の原因を常に相手側に求めるのではなく、相手の立場と抱える問題を十分に理解した上で対応しなければ国際関係はうまくいかないということと、権力者に取り入らず国民全体を相手にして対応すべきことを述べている。吉野が講演をしてから、一世紀の時間を経過した。その間に世界は格段にグローバル化した。しかし国際化社会が進んでいるにもかかわらず、現在の東アジア近隣諸国との間の溝はかえって深まりつつある。どの国でもナショナリズムが高まるとともに、自己の側を常に被害者に置き原因を他に求め、第三国の陰謀だと見なす傾向にある。吉野は民本主義的な外交を求めたが、いっぽうでは、このような外交の大衆化とともに露われてくる考え方の危険性についても、警鐘を鳴らしていたのである。

さて最後に本巻の始まりの時期と終わりの時期とを比較して、大正期がいかなる意味を持っていたかについて総括してみよう。

大正期外交の位置

まずは国際関係について、大正期は、日本を取り巻く世界の大変動が直接日本の対外政策の方向性に大きく影響をおよぼした時代であった。それはまず辛亥革命をきっかけとする中国大陸の混乱に始まり、それにヨーロッパにおける第一次世界大戦の勃発と、大戦中におけるロシア帝国の崩壊が覆いかぶさってきた。それに日本は能動的に対応し、国際情勢を動かすファクターとなった。これは日本が、日露戦争に勝利して植民地を有する大国となったことの延長線上にあるものであった。それは開国維新期から日露戦後までの、与えられた国際環境のなかで生きる道を探っていた日本のあり方とは異なっていた。その頃は、ヨーロッパ列強諸国の圧倒的なパワーの前に、日本の取り得る道は限られていた。基本的には列国の動向を配慮しながら、不平等条約の改正に努め、アジアとの関係も欧米との関係の中で受動的に模索された。

しかし大正期の日本の対外政策は、欧米列強諸国によって形づくられる範囲の中で対応していこうとするものからの脱皮がめざされた。それを可能にしたものが、中国情勢の混乱と第一次世界大戦の勃発であった。この時期の日本外交は、列国協調からの離脱あるいは独自性を高め、一時的に積極化すると同時に、かかわり方も「強圧的」なものから「親善的」なものまで多様化した。これは同時に列強に対する「自立」と「協調」の度合いにも反映された。それらの方向性と度合いの違いが、内閣の政策の方向性の違いとなって現れた。

しかし一九一八年一一月に第一次世界大戦が休戦になると、日本はアメリカの台頭と中国ナショナリズムの昂揚、新しい外交思想やソ連という社会主義国家の登場という国際環境の変容に直面することになった。これに対して原内閣以後の内閣は、英米より自立的な方向を図る外交政策を弱め、国際協調に努めながら東アジアにおける優位性と権益の現状維持を図ろうとした。そしてこれを不十分だと見なす勢力は、たとえばワシントン体制を日本の囲い込み体制と捉え、対外強硬的立場から政府を批判することになった。だが加藤高明内閣下の幣原外交と呼ばれる対米英協調・中国内政不干渉を方針とする外交政策は、単純に国際環境に他動的に対応したものではなく、当時の国際環境をふまえて主動的に動こうとした点においては、日露戦後の日本の大国化を当然のこと反映したものであった。

内なる国際化

第一次世界大戦が日本に与えた影響は、内政面でも大きかった。日本は、世界潮流を取り入れて新しい国際関係のもとに民本主義の道を進め、政党内閣と普通選挙の実現というような政治的民主化が進行した。あるいは労働争議や小作争議が頻発するなど、生活改善をめざす社会運動が盛んになった。この両面を表わす語句として用いられてきたのが、これまでよく用いられてきた「大正デモクラシー」である。

しかしこれは大正が始まった時点で目標とされたものではなかった。「大正デモクラシー」の始点として取り上げられるのは、ふつう一九〇五年の日比谷焼打事件と一九一二年から翌年にかけての第一次憲政擁護運動である。この二つの事件について、ここで改めて説明はしないが、その性格について以下のことだけを確認しておく。

日比谷《ひびや》焼打事件は計画的なものではなく、自然発生的なものであったが、都市暴動の発生は政府当局者に相当の衝撃を与えた。つまり民衆騒擾という社会的現象が初めて発生したという点で画期をなすものであった。人々は、日清戦争の時と同じように、戦勝の結果として領土や賠償金を獲得できると思い込んでおり（あるいは思い込まされており）、そうでないことが明らかとなった時に、それへの不満と、政府の外交能力に対する不信から生じた政治の改革要求が、焼き打ちにつながった。

もはや日本には戦争を継続するだけの国力が無いということがわかっていたのは政府要人に限られ、国民には実態が伝えられていなかったという点で仕方なかったが、この運動は対外強硬色を内包していたのであり、領土拡張を疑わない帝国主義的な感覚を根底に持っていた。戦勝の成果を獲得できない無能な政治を変える必要があるというのが、その後、講和反対運動をリードした政治家たちの訴えたものであった。彼らによる政府批判と政治改革路線は、民衆の意向を実現する政府が必要だという方向で、ある点においては立憲政治あるいは民本主義の実現を求めていくデモクラシー運動であったと言うことができる。しかし同時にそれは帝国主義的な主張でもあった。「外に帝国主義を行うために内に立憲主義が必要である」という主張をしていた国民主義的対外硬派と名付けられてきたものである。本巻の初めに紹介した桐生悠々も、日露戦時には、そのように考え講和反対を叫んだ者の一人だった。

もう一つの画期とされる第一次憲政擁護運動（大正政変）は、第一章で見たように、政治的な意味で、「大正デモクラシー」を象徴する事件であった。日比谷焼打事件にしても第一次憲政擁護運動にしても、都市の民衆が政治的な主体として、政治的に非常に大きな重みを持つという時代が始まったことを表わしている。そして日比谷焼打事件にかかわった政治家も、第一次憲政擁護運動の中心となった政治家たちも、そして桂の新しい政治に期待して新政党に参加した政治家たちも、国を強くするためには国民全体が一丸となって政治に参加することが重要であるという考え方を持った人たちであった。このように明治の終わり頃から大正の初めの政治目標は、立憲主義の実現（→国民の政治参加の拡大、やがて民本主義となる）ではあっても、まだ対外強硬的であり、一九二〇年代のような非軍国主義的で国際協調的傾向を指向するものではなかった。

しかし大正天皇が即位して一〇年が過ぎた大正末には、軍縮を容認する姿勢が新聞で報じられるように変わった。このことは明治末期から大正初めにかけて存在した対外強硬的な外交論が、大正期には主流とはならず、第一次世界大戦中の試行錯誤をへて国際協調を受け入れるようになったということであり、転換があったということになる。そしてそれに不満を抱く人々は、国際協調を進める既成政党のあり方への反発を強め、政界革新を唱えるようになっていく。その動きが顕著に政治的影響をおよぼすようになるのは、本巻の後の時代である。本巻の最後は、原政党内閣以後に出現した中間内閣による政治を政党政治に戻すべく起こった第二次憲政擁護運動をへて、護憲三派内閣が成立し、それが憲政会単独内閣に変化したことにより二大政党時代が始まったというところまでである。

原敬と加藤高明

この二大政党時代は、原敬と加藤高明によって準備されたものであったと言うのは過言であろうが、この二人がいなかったらまた別の歩みとなっただろう。この二人は、明治憲法下で議会政治が動き始めた時には、明治政府に連なる人物であった。ともに陸奥宗光《むつむねみつ》によって見いだされ、一時期は外務省の同僚として席を並べて仕事をしたこともある。第四次伊藤博文内閣では、一緒に閣僚を務めた。ただし加藤は、これより先に大隈重信の秘書官となったことから、大隈や改進党・憲政本党系とかなり密接な関係を有していた。いっぽう原は大隈嫌いであり、伊藤による政友会結成に参加し、その後は一貫して政党を背景に力を伸ばしていった。原と加藤は共に、第四次伊藤内閣倒壊後の選挙（一九〇二年）において衆議院議員に初当選し議会政治家となり、日露戦争前の時期は、藩閥・官僚内閣（第一次桂太郎内閣）との対抗にあたって協働した。二人の政治目標は、議会を重視する明治立憲主義の実現という点で共通していたように思われる。それは政党政治の実現であった。

ただし理想とする政党の姿は、二人では異なっていた。あるいは理想とするものは同じであったかもしれないが、政党とのかかわりあいの程度の差と現実政治とのかかわりの姿勢が二人の理想の政党像と現実政治への対応を異なるものにした。原が率いた政友会は、自由党以来の伝統を引きつぎ、地方利益を重視し、積極主義政策を党是《どうぜ》とした。原は、個人としては自身の利益を追求することはなかったが、地方利害に敏感な代議士たちを統率しており、代議士の数が藩閥政府との対抗上において重要な要素であることを自覚していたから、利害調整につとめ、それを「党弊」として否定することはなかった。これに対して加藤は、大蔵官僚（忘れられがちだが松方正義のもとで監査局長・主税局長をつとめた）の経歴を持ち、緊縮財政を基本としており、自由党（→政友会）の財政膨張的政策には反対であった。みずから政党に加わらなかったため、個々の代議士が有する利害関心には冷淡であり、自身も衆議院議員を二期（期間としては一年半）務めただけで、その後は華族に列せられ、貴族院議員となった。原は政友会結成前後は別として、華族となることを断固拒否し「平民」であることにこだわり、それを政治資源とした。

第一次西園寺公望内閣で、原と加藤の両者はふたたび閣僚として同席したが、これは二人にとって立場を同じくする最後の場となった。西園寺内閣は、日露戦時期に原が党を掌握するとともに、桂内閣に協力することにより政友会の力を認めさせることによって出現したものであった。そしてこれは徐々に政党の政府内における影響力を拡大させ、最終的には政党内閣を実現する一過程となった。しかし加藤は、この内閣での閣僚（外務大臣）を約一ヵ月で辞任した。日露戦争中にも桂内閣に対抗的立場を取っていた加藤は、鉄道国有政策を自由主義経済政策に反するものだと主張するとともに、西園寺内閣の藩閥・官僚勢力との取り引きに不純なものを感じ否定的であった。

大正期における加藤と原

原は日露戦後から政友会の党勢拡大に努め、そこで蓄えた力を背景に藩閥政府と取り引きして、また二度の西園寺内閣の内相となることを通じて、政党の官僚機構に対する影響力を高めていった。取り引き対象であった桂との提携関係は、大正政変期に破綻したが、その後も第一次山本内閣を通じて一歩一歩政党の力を強める道を進んでいった。第二次大隈内閣においては野党の立場を味わい、そのような方法をとれなかったが、その間に原は、山県の信頼を獲得し、次の内閣が同志会・憲政会系と結ぶことのないような方向に導き、寺内内閣に対しては実質的に支持を与えることによって、政権を獲得し、政党内閣を実現させたのであった。

いっぽう加藤は、日露戦後には駐英大使となり、本国の政治との関わりを避け、その間に政治的立場を転換していく準備を行った。桂園体制の崩壊とともに第三次桂内閣に参加し、桂の創設した立憲同志会に入党し、やがてそれを引き継ぐことになった。本巻で述べたように加藤は創立総会で、政友会を、一部の人、一地方の小利益を実現することに汲々としていて、国家社会の真利益を忘れていると、政党のあるべき姿として誤っていると批判した。政党の使命は政権争奪ではなく、国家にとって正しい利益を実現させることだとした。この正しい利益の指すものを具体的に示すことは難しいし、人によって異なるものだが、加藤は、政党の政策の違いが存在すること、あるいは複数の政党が存在することそのものに意義があると考えていたようである。お互いが正しいと思うことをぶつけ合うこと、それが加藤の二大政党制にもとづく議会運営の理想であった。政党総裁としての加藤の姿は、貴族院議員として陣笠代議士からは雲の上のような存在であり、個々の議員の利害には無関心であった。原とは異なり、政策実現を数の力に還元させることはせず、理屈によってできるよう考えていたフシがある。元老との妥協や取り引きによって一歩ずつ理想を実現していった原の現実的な対応とは違っていた。第二次大隈内閣は、加藤の政治力によって出現したものではなかったし、内閣運営は元老を度外視するものであったため、批判を真っ向から受けるものとなった。寺内内閣成立のさいには、世間的には首相に擬せられたが、元老の受けは悪く、以後も主義に忠実なあまり党勢は振るわず、したがって長い野党暮らしを余儀なくさせられた。

だから、原なしには大正期における政党政治は実現しなかったと言うのは正しい。ただし加藤が政治技術という点で策を弄することをしなかったことで、理想が必ずしも実現できなかったわけではない。政権が転がり込んで来るということはしばしば起こる。政界の局面転換は、思いがけないものである。明治憲法発布後からわずか一〇年後の第一次大隈重信内閣（初の政党内閣）の出現は、誰もが予想できないものだった。ただしこの時には政党の方に十分な準備と実力がなかったために、それは長続きしなかった。加藤高明内閣の出現も、思いがけないものであった。その直前、憲政会は分裂の危機に瀕していた。原の死によって政友会が動揺していなければ、また政友会が従来のように非政党勢力との提携路線を取っていれば政友会は分裂せず、したがって選挙結果は憲政会の勝利とはならず、政権は回っては来なかっただろう。

しかし実際は異なった。政友会は力を落とし政権を憲政会に譲ることになり、二大政党制への道を開くことになった。権力との戦いにおいて無策であったことが、二つ目の政党の成功を生んだのである。これは原が党勢拡張を武器に元老や藩閥と渡り合い、藩閥に対する政党の存在を高めるために権力に執着したのに対して、加藤は権力に執着しないことによって、政党の存在意義を高めたことを指す。そして加藤は、政友会に対抗するもう一つの政党である憲政会を、政権に就かせることに結果的に成功した。

その後の展開

加藤の病死によって政権を引き継いだ第一次若槻内閣は、加藤内閣の延長であったが、加藤内閣に比べてどこか弱々しいものとなった。それは若槻内閣下の政治運営が不安定となった時に、議会を解散せず、党首間の相談により局面転換が図られたことや、最後には金融恐慌により枢密院の緊急勅令拒否によって倒されたことによろう。倒壊した後に指名されたのが野党の総裁であった田中義一であった。この政権交代は、二大政党間の内閣交代がなされたという点で、政党内閣制と政党内閣交代慣行を進めるものであった。しかし内閣の終わり方という点では、枢密院に国際協調外交への不満が高かったということも影響しており、政党外勢力からの攻撃に政党が耐えきれなかった点においては、まだ政党の力は弱かったと言える。この点では、満洲事変後と同様であった。

いっぽうで憲政会内閣の下での幣原外交は、田中義一内閣で修正される。大枠としての国際協調を崩したわけではなかったが、三次にわたる山東出兵にあたっては、英米両国との対中政策の相違を生み、また国際環境も、アメリカに端を発した世界恐慌の全世界的な波及や、中国におけるナショナリズムの高まり、ソヴィエト連邦の軍事的な脅威の高まりなどの要因によって不安定性を増すことになる。その中で政党によって担われていた政府が、どのように対応できるかが試されることになる。そのさいに頭をもたげてくるのが、危機感にかられた自己中心的な意識であった。それは満蒙に対する「犠牲の代償」意識から、第一次大戦後の総力戦認識に裏打ちされた「満蒙生命線」論のように、さらに理論化されたものになって出現してくるのである。

世界一周ブーム

だがそれはもう少し先のことであった。本巻を閉じる直前の時期、一九二五年七月、日本から飛び立ったフランス製飛行機「初風《はつかぜ》」号・「東風《こちかぜ》」号は、一〇月二七日に無事ローマに到着した。日本人による初の訪欧飛行の成功であった（それ以前に欧州側から日本への飛行は成功している）。七月二五日から三ヵ月間、平壌《ピョンヤン》、ハルビン、チタ、イルクーツク、モスクワ、ベルリン、ストラスブルグ、パリ、ロンドン、ブリュッセル、リオンなどの各地をへて到着したものだった。飛行時間は約一一六時間で、翌年には無事、日本に帰還した。

世界一周は、維新後の岩倉使節団もしているので珍しいことではなかった。民間人によるものでも、明治末の一九〇八年には朝日新聞社が募った団体による第一回の観光旅行も開催され、かなりの話題となった。しかしもちろんこれらは船によるものであった。日本において飛行機の本格的研究が開始されたのは、一九〇九年の臨時軍用気球研究会（会長長岡外史《がいし》）の設立からであった。翌年には、徳川好敏《よしとし》による初飛行に成功している。だが技術的なめざましい進歩は、第一次世界大戦中であり、大正末には旅客輸送の実現が目前に迫っていた。日本航空輸送株式会社の設立は、三年後の一九二八年のことであった。

そのような時期に行われた訪欧飛行の成功は、少年雑誌などで話題として取り上げられた。一六九頁に掲げた図42にも「大正末年に近く空には訪欧飛行成功」と記されている。ここに掲げた絵（図52）は、一九二六年一月一日の『大阪毎日新聞』付録の「家庭教育世界一周すごろく」で、世界が東（つまりアメリカ大陸）が上、西（ヨーロッパ）が下に描かれている。すごろくの遊び方は、東京あるいは大阪がふりだしで、あがりはロンドンを経由して日本に戻ってくることだった。サイコロの目の1から5は、汽車または汽船での移動とされ、その目の数字で指定された次の都市へ進むことになる。6が

図 52　「家庭教育世界一周すごろく」『大阪毎日新聞』1926 年 1 月 1 日付録

出たら、それは飛行機で、その場合は、線でつながれているどの都市へも自由に進める仕組みだった。なかなかロンドンに行き着くのは難しかったろう。

描かれている題材は、当時の外国イメージを典型的に示したもので、たとえばアメリカについては「自由の女神」「ニューヨークの摩《ま》天楼《てんろう》」「ワシントン記念塔」「米国は世界一の自動車国」「米国の国技ベースボール」「ロッキー山脈」「活動王国ホリウッドはこの附近」などの挿絵と説明が加えられている。ふだん取り上げられない地域である東欧では、「欧州戦の発生地（バルカン半島付近）」「養豚の盛んな所（ソフィア付近）」「アテネの古跡」「ハンガリアの少女」「牧羊の盛んな所（ブダペスト付近）」「ダンスが好きなロシア人」「世界で一ばん美しいウインの市街」などの記述がある。アジアから中近東では、「白象王国シャム」「インドの蛇使《へびつかい》」「タジマハルの寺院」「キリスト教の聖地パレスチン」「トルコの水煙草」などの名所や風俗が描かれ、正月の遊びをしながら世界地理が学べる仕掛けとなっている。

子供向けの読物や双六に描かれている題材は、その当時の社会の雰囲気をかなり明確に表わしている。少年・少女は、飛行機による世界一周の夢やロマンを、かき立てられたに違いない。第一次世界大戦のような悲惨な戦争は過去のものとなり、戦争兵器であった飛行機は、世界の人々を結びつける友好の役割を持つものと捉えられる時代を迎えたのであった。

参考文献

朝日新聞社編『大戦ポスター集』朝日新聞社、一九二一年
雨宮昭一『近代日本の戦争指導』吉川弘文館、一九九七年
有山輝雄『近代日本ジャーナリズムの構造』東京出版、一九九五年
安藤良雄『近代日本経済史要覧』東京大学出版会、一九七九年
飯倉　章『第一次世界大戦史』中公新書、二〇一六年
石塚裕道・成田龍一『東京都の百年』山川出版社、一九八六年
石橋湛山「大日本主義の幻想」『東洋経済新報』一九二一年七月三〇日・八月六日・一三日号「社説」
磯見辰典・黒沢文貴・櫻井良樹『日本・ベルギー関係史』白水社、一九八九年
磯見辰典訳『バッソンピエール大使回想録　在日十八年』鹿島出版会、一九七二年（『ベルギー大使の見た戦前日本』講談社学術文庫、二〇一六年）
伊藤　隆『大正期「革新」派の成立』塙書房、一九七八年
伊藤　隆『昭和期の政治〔続〕』山川出版社、一九九三年
伊藤之雄『昭和天皇と立憲君主制の崩壊』名古屋大学出版会、二〇〇五年
伊藤之雄『政党政治と天皇』講談社、二〇〇二年
伊藤之雄『大正デモクラシーと政党政治』山川出版社、一九八七年
伊藤之雄編著『原敬と政党政治の確立』千倉書房、二〇一四年
今井清一『横浜の関東大震災』有隣堂、二〇〇七年

今津敏晃「一九二五年の貴族院改革に関する一考察」『日本歴史』六七九号、二〇〇四年
入江　昭『日本の外交』中公新書、一九六六年
バールィシェフ・エドワルド『日露同盟の時代』花書院、二〇〇七年
大豆生田稔『お米と食の近代史』吉川弘文館、二〇〇七年
大山　梓編『山県有朋意見書』原書房、一九六六年
岡　義武編『吉野作造評論集』岩波文庫、一九七五年
荻野富士夫『特高警察体制史』せきた書房、一九八四年
奥須磨子・羽田博昭編著『都市と娯楽』日本経済評論社、二〇〇四年
片岡覚太郎『日本海軍地中海遠征記』河出書房新社、二〇〇一年
桂川光正「日本軍政と青島：一九一四〜二二年」千田稔・宇野隆夫編『東アジアと「半島空間」』思文閣出版、二〇〇三年
加藤安宏『明治・大正・昭和政界秘史』隆章閣、一九三四年
神奈川県外事課編「自大正大震災前後至同十三年末神奈川県外事警察概況」一九二五年八月、外務省記録「外国人関係警察取締処分雑件」四・二・二・六八
川田　稔『原敬と山県有朋』中公新書、一九九八年
北原糸子『関東大震災の社会史』朝日新聞社、二〇一一年
姜　克実『浮田和民の思想史的研究』不二出版、二〇〇三年
近代日中関係史年表編集委員会編『近代日中関係史年表』岩波書店、二〇〇六年
黒沢文貴「臨時軍事調査委員会について」『紀尾井史学』二号、一九八二年
黒沢文貴『二つの「開国」と日本』東京大学出版会、二〇一三年

黒沢文貴『大戦間期の宮中と政治家』みすず書房、二〇一三年
熊本史雄『大戦間期の対中文化外交』吉川弘文館、二〇一三年
小泉又次郎『普選運動秘史』批評社、一九二七年
近衛文麿『戦後欧米見聞録』中公文庫、一九八一年（初版は一九二〇年）
越沢　明『後藤新平』ちくま新書、二〇一一年
今和次郎『今和次郎採集講義』青幻社、二〇一一年
小林啓治『総力戦とデモクラシー』吉川弘文館、二〇〇八年
小林龍夫編『翠雨荘日記』原書房、一九六六年
小林道彦『政党内閣の崩壊と満洲事変―一九一八～一九三二―』ミネルヴァ書房、二〇一〇年
小山俊樹『憲政常道と政党政治』思文閣出版、二〇一二年
斎藤聖二「寺内内閣と西原亀三」『国際政治』七五号、一九八三年
斎藤聖二「寺内内閣における援段政策確立の経緯」『国際政治』八三号、一九八六年
斎藤聖二「海軍における第一次大戦研究とその波動」『歴史学研究』五三〇号、一九八四年
斎藤聖二「二十一か条要求の原案・改定案・成案」東アジア近代史学会二〇一六年度研究大会報告（「二十一か条要求案の成立経緯」近刊）
酒井一臣『近代日本外交とアジア太平洋秩序』昭和堂、二〇〇九年
阪谷芳郎『欧米視察談』深川区教育会、一九一七年
櫻井良樹『帝都東京の近代政治史』日本経済評論社、二〇〇三年
櫻井良樹『辛亥革命と日本政治の変動』岩波書店、二〇〇九年
櫻井良樹「日本・ベルギー関係史の一断面：第一次世界大戦期における資料」『麗澤大学紀要』八九巻、二〇〇九年

櫻井良樹「大正時代を考える――ナショナリズムの位置――」『近代日本研究』二九号、二〇一三年
櫻井良樹「戦前期横浜と東京の外国人社会」横浜開港資料館編『横浜と外国人社会』日本経済評論社、二〇一五年
櫻井良樹『華北駐屯日本軍』岩波書店、二〇一五年
清水唯一朗『近代日本の官僚』中公新書、二〇一三年
尚友倶楽部編『田健治郎日記』1～3、芙蓉書房出版、二〇〇八～二〇一二年
季武嘉也『選挙違反の歴史』吉川弘文館、二〇〇七年
季武嘉也『大正期の政治構造』吉川弘文館、一九九八年
鈴木　淳『関東大震災』ちくま新書、二〇〇四年
鈴木勇一郎『近代日本の大都市形成』岩田書院、二〇〇四年
高嶋修一『都市近郊の耕地整理と地域社会』日本経済評論社、二〇一三年
高村直助「大戦景気」井上光貞他編『日本歴史大系』5近代Ⅱ、山川出版社、一九八九年
武田晴人『帝国主義と民本主義』集英社、一九九二年
千葉　功『旧外交の形成』、勁草書房、二〇〇八年
千葉俊二編『岡本綺堂随筆集』岩波文庫、二〇〇七年
中国第二档案館編『袁世凱与北洋軍閥』台湾商務書院、一九九四年
土田宏成『近代日本の「国民防空」体制』神田外語大学出版局、二〇一〇年
槌田満文『東京記録文学事典』柏書房、一九九四年
フレデリック・R・ディキンソン『大正天皇』ミネルヴァ書房、二〇〇九年
徳永　直『太陽のない街』岩波文庫、一九五〇年
内藤一成『貴族院と立憲政治』思文閣出版、二〇〇五年

内藤一成『貴族院』同成社、二〇〇八年
内務省警保局編『外事警察関係例規集　昭和六年』龍渓書舎復刻、一九七九年
中沢俊輔『治安維持法』中公新書、二〇一二年
中島岳志『中村屋のボース』白水社、二〇〇五年
長島隆二『西伯利亜出兵并に対支政策を論じて国民精神の改造に及ぶ』やまと新聞社、一九一八年
長島隆二『政界革新の説』長島隆二後援会、一九二七年
長島隆二『陰謀は輝く』平凡社、一九二九年
長島隆二『政界秘話』平凡社、一九二八年
中村隆英『昭和史』I、東洋経済新報社、一九九三年
中谷直司『強いアメリカと弱いアメリカの狭間で』千倉書房、二〇一六年
奈良岡聰智『対華二十一ヵ条とは何だったのか』名古屋大学出版会、二〇一五年
奈良岡聰智『加藤高明と政党政治』山川出版社、二〇〇六年
西尾林太郎『大正デモクラシーの時代と貴族院』成文堂、二〇〇五年
西尾林太郎『大正デモクラシーと貴族院改革』成文堂、二〇一六年
西田敏宏「東アジアの国際秩序と幣原外交」『法学論叢』一四七巻二号・一四九巻一号、二〇〇〇・二〇〇一年
『年報首都圏史研究二〇一二』首都圏形成史研究会、二〇一一年
芳賀徹・小木新造編『明治大正図誌』第三巻　東京三、筑摩書房、一九七九年
長谷川雄一編著『大正期日本のアメリカ認識』慶應義塾大学出版会、二〇〇一年
波多野勝『近代東アジアの政治変動と日本の外交』慶應通信、一九九五年
波多野勝・黒沢文貴・斎藤聖二・櫻井良樹編『海軍の外交官竹下勇』芙蓉書房出版、一九九八年

波多野勝『裕仁皇太子ヨーロッパ外遊記』草思社、一九九八年
波多野勝・飯森明子『関東大震災と日米外交』草思社、一九九九年
服部龍二『東アジアの国際環境の変動と日本外交―一九一八〜一九三一―』有斐閣、二〇〇一年
馬場　明「臨城事件と日本の対中国政策」『國學院大學紀要』一四巻、一九七六年
林茂・辻清明『日本内閣史録』2、第一法規出版、一九八一年
速水融・小嶋美代子『大正デモグラフィ』文春新書、二〇〇四年
原　武史『大正天皇』朝日新聞社、二〇〇〇年
平間洋一『第一次世界大戦と日本海軍』慶應義塾大学出版会、一九九八年
平山　昇『鉄道が変えた社寺参詣』交通新聞社新書、二〇一二年
伏見岳人『近代日本の予算政治　一九〇〇―一九一四』東京大学出版会、二〇一三年
古川隆久『大正天皇』吉川弘文館、二〇〇七年
ジャン・ジャック・ベッケール他『仏独共同通史第一次世界大戦』岩波書店、二〇一二年
細谷千博『両大戦間の日本外交』岩波書店、一九八八年
堀口　修『関東大震災と皇室・宮内省』創泉堂出版、二〇一四年
升味準之輔『日本政党史論』5、東京大学出版会、一九七九年
松浦高嶺『イギリス現代史』山川出版社、一九九二年
松尾章一『関東大震災と戒厳令』吉川弘文館、二〇〇三年
松尾尊兊『大正デモクラシーの研究』青木書店、一九六九年
松尾尊兊『普通選挙制度成立史の研究』岩波書店、一九八九年
村井良太『政党内閣制の成立　一九一八〜二七』有斐閣、二〇〇五年

山室信一『複合戦争と総力戦の断層』人文書院、二〇一一年
山本四郎「寺内内閣の研究について」『政治経済史学』三〇〇号、一九九一年
楊　海程『日中政治外交関係史の研究』芙蓉書房出版、二〇一五年
横浜市史資料室『報告書　横浜・関東大震災の記憶』横浜市史資料室、二〇一〇年
横浜都市発展紀念館『関東大震災と横浜』横浜史ふるさと歴史財団、二〇一三年
吉野作造「先づ自己を反省せよ」『黎明会講演集』第三輯、一九一九年（『黎明会講演集』龍溪書舎、一九九〇年）
歴史学研究会編『日本史史料』〔4〕岩波書店、一九九七年
若月剛史『戦前日本の政党内閣と官僚制』東京大学出版会、二〇一四年
「外国人関係警察取締処分雑件」外務省記録、4・2・2・68

西暦	事項
一九一一	八・二一警視庁に特別高等課設置。八・三〇第二次西園寺内閣成立。九月『青鞜』創刊。一〇・一〇辛亥革命勃発。
一九一二	一・一中華民国建国、孫文臨時大総統就任。二・一二宣統帝退位、清朝の中国支配終わる。三・一〇袁世凱が臨時大総統職を引き継ぐ。七・三〇明治天皇没、大正天皇践祚。八・一友愛会設立。八・二一桂太郎内大臣兼侍従長任命。九・一三明治天皇大葬。一二・五第二次西園寺公望内閣総辞職。—一四交詢社有志時局懇親会、第一次憲政擁護運動開始。—一九第一回憲政擁護大会が歌舞伎座で開催。—二一第三次桂太郎内閣成立。
一九一三	一・二〇桂太郎新政党創設発表。—二四第二回憲政擁護大会が新富座で開催。二・五衆議院で尾崎行雄の内閣弾劾演説。—一〇衆議院停会後に民衆騒擾勃発。—一一第三次桂内閣総辞職。—二〇第一次山本権兵衛内閣成立。三・二〇宋教仁暗殺事件（二二日没）。四・二七五国借款団による善後借款契約調印。五・二カリフォルニア州で排日土地法制定。六・一三陸海軍大臣現役武官制改正（就任資格を現役以外に拡大）、行政整理発表。七・一二中国第二革命勃発。八月孫文・黄興日本亡命。八・一文官任用令改正（自由任用・特別任用範囲拡大）。九・五阿部守太郎外務省政務局長暗殺事件。一〇・六日本政府が中華民国政府承認。—一〇桂太郎没。一二・二三立憲同志会創立大会挙行（加藤高明党首）。
一九一四	一・二三ジーメンス事件発覚。—三〇全国商業会議所連合会が営業税全廃決議。二・九海軍廓清大演説会開催。—一〇衆議院で内閣弾劾決議案否決後に日比谷公園で民衆騒擾発生。三・一三海軍建艦費を貴族院が七〇〇〇万円削減。—二四第一次山本権兵衛内閣総辞職。—三一清浦奎吾に組閣命令（四・七拝辞）。四・一六第二次大隈重信内閣成立。六・四〜東京市会議員選挙で政友系会派敗北。—一八原敬第三代政友会総裁就任。—二三防務会議設置。—二八サラエボでオーストリア皇太子暗殺。七・二八オーストリアがセルビアに宣戦布告（第一次世界大戦開始）。八・四イギリスがドイツに宣戦布告。—八大隈内閣は参戦決定。—二三ドイツに宣戦布告（日本の第一次世界大戦参戦）。九・二日本軍が山東半島龍口に上陸。—五マルヌの会戦。—二九第一南遣支隊ヤップ島上陸（一

	〇・一四日南洋諸島占領完了）。一〇・一七防務会議で陸軍二個師団増設・海軍八四艦隊計画承認。—三一大正天皇の天長節祝日と定められる。一一・七青島陥落。—一七青島守備軍設置（一九日軍政開始）。一二・四国民外交同盟会結成。—二五二個師団増設案否決により衆議院解散。—二八南洋群島防備隊による軍政開始。
一九一五	一・一八対華二一ヵ条要求を袁政権に提出。三・二五第一二回衆議院議員総選挙で与党三派が圧勝。五・九中国政府は二一ヵ条要求を受諾。六・五ラス・ビハリー・ボース来日。—九第三六帝国議会において二個師団増設案通過。七・二参政官・副参政官を任命。—二九大浦兼武政界引退表明（大浦事件）。—三〇第二次大隈重信内閣総辞職。八・一〇第二次大隈重信内閣の改造内閣成立。九・一井上馨没。—一二陸軍臨時軍事調査委員会設置。一〇・一二海軍臨時海軍軍事調査会設置。—一九ロンドン宣言加入。—二八大隈内閣は袁世凱に帝制延期勧告。一一・一〇大正天皇即位式典挙行。一二・一二袁世凱、中華帝国皇帝となることを承諾。—二五中国で帝制反対の第三革命勃発。この年後半から大戦景気開始（一九二〇年三月まで）。
一九一六	一・一九大隈内閣帝制不承認を決定。一月吉野作造『中央公論』で民本主義を提唱。二・二一ヴェルダン要塞をめぐる攻防始まる（六月まで）。三・七大隈内閣閣議で南方派援助、中国内政干渉を許容する決定。—二二袁世凱、帝制取消を宣言。五・二四（と六・六）三浦梧楼の斡旋により三党首会談開催。—三一ユトランド沖海戦。六・六袁世凱没。七・三第四次日露協約締結。九・一一河上肇「貧乏物語」を『大阪朝日新聞』に連載開始（一二・二六まで）。一〇・五第二次大隈重信内閣総辞職。—九寺内正毅内閣成立。—一〇憲政会創設（総裁加藤高明）。一一・三裕仁親王（後の昭和天皇）立皇太子礼挙行。
一九一七	一・二〇中国交通銀行への借款契約成立（西原借款開始）。—二五衆議院解散。二・一ドイツ無制限潜水艦作戦を宣言。二月〜第二特務艦隊を地中海派遣。二・三アメリカの対独国交断絶。三・一四中国の対独国交断絶。—一五ロシアで二月革命勃発（ロマノフ王朝崩壊）。四・六アメリカがドイツに対して宣戦布告。—二〇第十三回衆議院議員総選挙。六・六臨時外交調査委員会設置。七・一張勲による清王朝復活の試み失敗。—二〇援段政策を閣議決定。八・一四中国がドイツに対して宣戦布告。八月内務省警保局保安課に外事係設置。一一・二石井・ランシング協定締結。—七ロシアで十月革命勃発（初の社会主義国家誕生）。一二・七外国人視察内規発布。

西暦	事項
一九一八	一・八アメリカ大統領ウィルソン一四ヵ条を発表。—一二居留民保護を理由にウラジオストクに軍艦派遣。—二四外国人入国に関する件（内務省令第一号）下達。三・三ブレスト・リトウスク講和条約調印。—二六日米船鉄交換協定締結。四・一七軍需工業動員法公布。五・一六日華陸軍共同防敵軍事協定締結。—一九日華海軍共同防敵軍事協定締結。六・一軍需局設置。八・二シベリア出兵宣言。—三富山県で米騒動が始まる。—二五『大阪朝日新聞』が発売禁止処置（白虹事件）。九・二一寺内正毅内閣総辞職。—二九原敬内閣成立。三〇ブルガリアが休戦協定に調印。一〇・七方面委員が大阪で初めて設けられる。—九老壮会結成。—二九西原借款中止を決定。一〇月～スペイン風邪流行（第一波）。一一・一一ドイツが休戦協定に調印（第一次世界大戦終了）。一二・六大学令・高等学校令発布。—八外交調査会、対中不干渉政策を決定。—二三黎明会結成。一二月新人会結成。
一九一九	一・一八パリ講和会議開始。三・一朝鮮三・一独立運動（万歳事件）開始。四・一一道路法公布。—一二関東庁官制発布。—二八国際連盟規約可決。五・四日本によるドイツ権益の無条件譲渡要求の承認を受けて山東還付を声明、北京で五・四運動開始。—七日本による南洋群島の委任統治決定。—二三衆議院議員選挙法改正（選挙権資格拡大、小選挙区制）。六・二八パリ講和条約（ヴェルサイユ条約）調印。—一〇皇太子妃として久邇宮邦彦王の第一王女の良子が内定。八・一猶存社結成。—一二朝鮮総督に斎藤実任命。—一八改造同盟結成。—二〇朝鮮総督府官制改正（文官総督を認める）。—三〇友愛会が大日本労働総同盟友愛会と改称。一二・二二協調会設立。一二月～スペイン風邪流行（第二波）。
一九二〇	一月憲政会、普選論へ転換。—三一全国普選期成連合会結成。二・二六普選法案をめぐり衆議院解散。三・一五株式暴落（戦後恐慌開始、大戦景気終わる）。—二三警保局外事課設置。—二八新婦人協会発会式。—三〇大正天皇の病状発表。四・一アメリカ軍シベリアから撤兵完了。五・二最初のメーデー開催。—一〇第十四回衆議院議員総選挙で政友会が勝利。—二五尼港事件発生。七・一四～安直戦争激化（段祺瑞と呉佩孚との対立）。八・二四内務省に社会局設置。一〇・一五新四国借款団成立。一一・一五国際連盟第一回総会開会。一一月宮中某重大事件が起こる。一二月～スペイン風邪流行（第三波）。

一九二一	二・一〇皇太子妃に変更のない旨通達。―一八皇太子東宮御学問所修了式。三・三皇太子訪欧に出発（九・三まで）。五・一六東方会議を開催。七・三〇～石橋湛山「大日本主義の幻想」を『東洋経済新報』に掲載。八・一三外務省に情報部設置。一一・四原敬暗殺。―一二ワシントン会議開催（二・六まで）。―一三高橋是清内閣成立。―二五皇太子裕仁摂政就任。一二月サイパンに南洋興発会社創立。一二・一三四ヵ国条約調印。
一九二二	一・一〇大隈重信没。二・一山県有朋没。―四山東懸案に関する日中条約調印。―六ワシントン海軍軍縮条約、九ヵ国条約調印。―二七衆議院で普選法案否決。三月五校昇格問題で高橋内閣内紛。三・三全国水平社創立大会開催。四・一南洋庁開設。―九日本農民組合（日農）創立。―二〇改正治安警察法公布（女性の政治活動が可能になる）。―二六～第一次奉直戦争（張作霖と呉佩孚との対立）。六・六高橋是清内閣総辞職。―一二加藤友三郎内閣成立。―三〇漢口から中支那派遣隊撤退。七・一五日本共産党結成。八月山梨軍縮開始。一〇・二五北樺太を除くシベリアから撤兵完了。一一・八革新倶楽部結成。一二・一〇青島の行政権を中国側に引き渡し完了。―一七青島派遣軍撤退。―三〇ソヴィエト社会主義共和国連邦成立。
一九二三	一・二〇日比谷公園で普選記者大会開催。二・一後藤新平の招きでソ連のヨッフェ来日。―二三東京で普選デモ行進開催。五・六臨城事件発生。八・二四加藤友三郎没。―二六加藤友三郎内閣総辞職。九・一関東大震災発生。―二第二次山本権兵衛内閣成立。―二京浜地区に戒厳令発令。―四亀戸事件起こる。―七治安維持のためにする罰則に関する件が緊急勅令として公布。―一六甘粕事件起こる。―二七復興院設置。一一・一〇国民精神作興に関する詔書発布。一二・一三震災にともなう損害に関する火災保険問題で田健治郎農商務相辞任。―二七虎の門事件起こる。―二九第二次山本権兵衛内閣総辞職。
一九二四	一・七清浦奎吾内閣成立。―一〇第二次憲政擁護運動開始。―一六政友会分裂。―一八政友会・憲政会・革新倶楽部による護憲三派成立。―二六皇太子御成婚。―二九政友本党結成。―三一衆議院解散。二・二五復興院を廃止し復興局設置。四月行地社結成。五・一〇第十五回衆議院議員総選挙で護憲三派勝利。―二六アメリカで排日移民法成立。六・七清浦奎吾内閣総辞職。―一一第一次加藤高明内閣成立。七・二松方正義没。―二二小作調停法・借地借家臨時処理法公布。八・一二政務次官・参与官設置。九・一五第二次奉直戦争（張作霖反撃）勃発。―一三中国に対

西暦	事項
	する不干渉方針公表。二・二四孫文、神戸において大アジア主義演説。三・一三婦人参政権期成同盟会結成（一九二五年に婦選獲得同盟と改称）。—一六普選法案審議が枢密院で始まる（三・二〇まで）。
一九二五	一・二〇日ソ基本条約調印。三・一ラジオ放送（試験放送）開始。—一九治安維持法通過（四・二二公布）。—二五貴族院令改正案通過。—二九普通選挙法案両院を通過成立（五・五公布）。四・一三田中義一政友会総裁就任。五・一陸軍四個師団廃止（宇垣軍縮）。—一四革新倶楽部が政友会に合同。—一五北樺太派遣軍撤退完了。—三〇上海で五・三〇事件発生。七・三一第一次加藤高明内閣総辞職。八・二第二次加藤高明内閣成立。一〇・二六北京関税会議始まる。—二七日本人による初の訪欧飛行成功。一二・四郭松齢事件にさいして絶対的不干渉主義を確認。
一九二六	一・一五京都学連事件で治安維持法が初めて国内で適用。—二八加藤高明没。—三〇第一次若槻礼次郎内閣成立。

あとがき

はじめて通史の一巻を担当した。本書では、大正という一五年間を対象にしたわけだが、やはり自分の関心によってテーマを設定してきたこれまでとは、同じようにはいかなかった。自分の研究史を振り返れば、日露戦後から大正前半期の国政史から研究を始め、東京を対象とする都市政治史に手を伸ばし、さらに最近は外交史・国際関係史について扱うことが多い。共同研究が発展して、宮本武蔵をテーマにした社会史的な分析をしたこともあり、かなり幅広くやってきたつもりだった。そんなことで、時には「あなたの専門は、ほんとうは何なのですか」と問われることもあった。そのような際には、歴史研究は、政治史・経済史・思想史・民衆史・社会史などに細分化されているけれども、その時代に生きている人々にとっては、そんなことは関係無く、それらすべての要素に包まれて生きているのであって、〇〇史という区分は研究者側が便宜的に設けている枠であって、あまり気にすることはない、ただ対象に寄り添って越境して描いていけば良いと思うなどと不遜なことを回答してきた。

実際に手をつけてみたら、大正という対象を、まるごと扱おうとするには、多くの知識が不足していたことを思い知った。文中には、本書の性質上一部しか記せなかったけれども、これまで余り見なかった分野の多くの文献にお世話になった。利用させていただいた先行研究は、巻末の文献一覧に記したつもりだが、もしかしたら脱漏があるかもしれない。

本書は、二〇一四年の第一次世界大戦開戦百周年をめざして書いたものである。出版の順序としては後に執筆した『華北駐屯日本軍』（二〇一五年）の方が先になったが、二〇一三年暮れに『加藤高明』を出版した余勢で、執筆を始めたのは二〇一四年二月だった。第一次原稿ができあがったのは、その年の九月だった。それから二年が過ぎ、その間に新しい視角からなされた第一次世界大戦関係の研究書が次々と出されたが、いったん書いてしまうとなかなか直すのはやっかいで、それらの成果を十分に取り込むことができなかった憾がある。ただ二〇一五年後期には、本書の第二次原稿をもとに東洋大学大学院で講義を行い、二〇一六年一月に微修正を施し最終原稿を提出した。

本書執筆中のことでもっとも思い出にあるのは、旅先で第一次世界大戦開戦百周年を迎えたことである。二〇一四年八月三日から四日にかけて、ヨーロッパ中で記念行事が行われていた。当時ポーランドのクラクフにおり、その式典のテレビ中継が、繰り返し流されていた。スカイ・ニュースは、ベルギーのモンス、イギリスのウエストミンスターなどから生中継し、各国の首脳が参列していた（本書巻頭口絵二頁）。日本ではあまり報道がなかったようだが、ヨーロッパにおける第一次世界大戦の重みを体験した。

本書の内容については、一昨年まで活動を続けていた横浜開港資料館における横浜外国人社会研究会における刺激的な諸報告に啓発されたことが大きい。また著者の勤務する麗澤大学・経済社会総合研究センターにおけるプロジェクト研究会「道徳経済一体論研究会」（研究代表者、佐藤政則先生）に参加し経済思想について勉強する機会を得たことも大きく役立った。ともに感謝申しあげたい。

最後に、筆者が大正政治史を研究するきっかけになったのは、卒業論文で第二次護憲運動を扱おうとしたときに、恩師である藤村道生先生から、それがわかるには大正初期から勉強しなさいと言われたことだった。それから数十年、一九二〇年代まで研究は進められなかったが、本書ではほぼその期間を扱ったことになる。そういうことから言えば、本書は大正政治史の出発から研究を始めた筆者の、その時の課題がようやく果たせたことを意味するものであるかもしれない。

〔付記〕本書は平成二八年度科学研究費・基盤研究（C）「華北駐屯列国軍を通じて見る東アジア国際社会の変容に関する研究（1901-43）」（課題番号16K03056）の研究成果の一部でもある。

二〇一六年九月

櫻井良樹

著者略歴

一九五七年、千葉県に生まれる
上智大学文学部史学科・同大学院修了。
博士（史学、一九九六年）。
現　在、麗澤大学外国語学部教授

〔主要共著書〕
『日本・ベルギー関係史』（共著、白水社、一九八九年）
『大正政治史の出発』（山川出版社、一九九七年）
『帝都東京の近代政治史』（日本経済評論社、二〇〇三年）
『辛亥革命と日本政治の変動』（岩波書店、二〇〇九年）
『加藤高明』（ミネルヴァ書房、二〇一三年）
『華北駐屯日本軍』（岩波書店、二〇一五年）

日本近代の歴史 4
国際化時代「大正日本」

二〇一七年（平成二十九）一月一日　第一刷発行

著　者　櫻井《さくらい》良樹《りょうじゅ》
発行者　吉川道郎
発行所　株式会社 吉川弘文館
郵便番号一一三―〇〇三三
東京都文京区本郷七丁目二番八号
電話〇三―三八一三―九一五一〈代表〉
振替口座〇〇一〇〇―五―二四四
http://www.yoshikawa-k.co.jp/
印刷＝株式会社 三秀舎
製本＝誠製本株式会社
装幀＝渡邉雄哉

ISBN978-4-642-06815-4

日本近代の歴史

刊行のことば

「日本近代の歴史」は、幕末・維新期から第二次世界大戦の時期までの歴史を、政治史を軸としながら叙述した通史である。本シリーズは近代を六つの巻に分けて、それぞれの巻を一人の執筆者が担当した。

日本近現代史の分野においては、新しい史料の発見などによって詳細な歴史的事実が提示されている。歴史学研究を専門にしている者であっても、自分が直接対象とする研究領域以外についての研究状況を把握するのは、多くの労力を必要とする。ましてや、個別の研究に通じるというだけではなく、それらをふまえて近現代全体を通史的に把握するとなるとさらに大変である。

すでに刊行されている「日本古代の歴史」（中世、近世編と続く）と同じように、本シリーズでは政治史、経済史、対外関係史、思想史など個々の部門史の研究状況に目配りしつつ、これらの部門史をつなげながらオーソドックスな通史として叙述しようと試みた。ただし、これらの部門史が均等に扱われるというよりも、それぞれの執筆者の力点の置き方に基づいてまとめられている。

この「日本近代の歴史」が読者のみなさんに、最新の研究成果をふまえた日本近現代史の全体像を提供するものとなれば幸いである。

企画編集委員　大日方純夫
　　　　　　　源川真希

日本近代の歴史

1 維新と開化　奥田晴樹著　＊

2 「主権国家」成立の内と外　大日方純夫著　＊

3 日清・日露戦争と帝国日本　飯塚一幸著　＊

4 国際化時代「大正日本」　櫻井良樹著　＊

5 戦争とファシズムの時代へ　河島　真著

6 総力戦のなかの日本政治　源川真希著

本体各２８００円　毎月１冊ずつ巻数順に配本予定

吉川弘文館（価格は税別）　＊は既刊